城市轨道交通客运服务

主　编　姚慧欣　孙艳英　苏　璐
副主编　轩宏伟　高　洁　卢佳杰
参　编　冯　硕　姜玲芝　潘　辉　徐　娟
　　　　张婷婷　周方圆　陈晓艺

机械工业出版社

本教材紧紧围绕职业院校城市轨道交通专业人才培养目标，紧扣城市轨道交通客运服务工作实际，针对城市轨道交通运营企业客运服务人员岗位需求，从人员服务礼仪、日常乘客服务、特殊乘客服务、乘客事务处理、服务质量提升五个方面，全面阐述城市轨道交通车站客运服务的工作内容。本教材主要内容包括城市轨道交通客运服务概述、城市轨道交通客运服务礼仪与职业道德、城市轨道交通客运心理服务、城市轨道交通车站客运服务、城市轨道交通乘客事务处理和城市轨道交通客运服务质量管理。另外，本教材穿插大量知识拓展和案例分析，并对重要知识点配备动画或视频资源，实用性、可读性较强。

本教材可作为职业院校城市轨道交通类专业的教学用书，也可作为职业技能培训和相关专业人员的参考书。

为方便教学，本教材配有视频动画、电子课件、习题答案等资源。凡选用本书作为授课教材的教师均可登录www.cmpedu.com，以教师身份免费下载或来电咨询：010-88379201。

图书在版编目（CIP）数据

城市轨道交通客运服务 / 姚慧欣，孙艳英，苏璐主编. -- 北京：机械工业出版社，2025.4. -- ISBN 978-7-111-77915-5

Ⅰ. U239.5

中国国家版本馆CIP数据核字第2025H9C787号

机械工业出版社（北京市百万庄大街22号　邮政编码100037）
策划编辑：于志伟　　　　　　责任编辑：于志伟
责任校对：张爱妮　刘雅娜　　封面设计：张　静
责任印制：任维东
河北鹏盛贤印刷有限公司印刷
2025年5月第1版第1次印刷
184mm×260mm・9印张・214千字
标准书号：ISBN 978-7-111-77915-5
定价：43.00元

电话服务　　　　　　　　　网络服务
客服电话：010-88361066　　机　工　官　网：www.cmpbook.com
　　　　　010-88379833　　机　工　官　博：weibo.com/cmp1952
　　　　　010-68326294　　金　书　网：www.golden-book.com
封底无防伪标均为盗版　　　机工教育服务网：www.cmpedu.com

前　言

随着城市轨道交通行业的快速发展，城市轨道交通企业对从业人员的知识水平和职业能力提出了更高的要求。为了培养适应于城市轨道交通企业需求的专业型技能人才，满足现代学徒制、"岗课赛证"综合育人等人才培养模式改革需求，结合城市轨道交通专业教学要求和课程特点，编者与行业、企业专家进行深入调研，重新梳理岗位典型工作任务及职业能力，以项目任务为载体，确定编写框架。

本教材共6个项目、16个任务，从人员服务礼仪、日常乘客服务、特殊乘客服务、乘客事务处理、服务质量提升依次递进，设计所有项目和任务，实施"教、学、做"一体化的项目式教学，"以学生为中心"进行教学设计与实施，每个任务采用"任务描述""知识准备""任务实施""任务评价""知识巩固"的结构进行编写，加大实训比重，突出客运服务核心职业技能，全方位培养学生综合职业能力。

本教材的特色是适合现代职业教育特点，坚持"学以致用"的原则，根据城市轨道交通企业的工作实际安排教材的结构和内容；坚持以学生为主体，注重学生综合职业能力的培养；运用项目教学方法进行设计，激发学生的学习兴趣和积极性，真正"学中做、做中学"。

本教材由姚慧欣、孙艳英、苏璐担任主编，轩宏伟、高洁、卢佳杰担任副主编，冯硕、姜玲芝、潘辉、徐娟、张婷婷、周方圆、陈晓艺也参与了编写。

本教材在编写过程中，参考引用了大量国内外文献资料，在此谨向相关作者表示衷心感谢。

由于编者水平有限，书中难免存在不足和疏漏之处，敬请各位读者批评指正。

编　者

二维码清单

名称	二维码	名称	二维码
项目一——标志的分类		项目四——应急处置	
项目一——车站票务设备介绍		项目四——扶梯客伤处理技巧	
项目二——坐姿		项目四——无障碍预约服务	
项目二——电话礼仪		项目四——票亭岗岗位作业（出售单程票）	
项目二——站姿		项目四——站台岗岗位作业（扶梯引导）	
项目二——走姿		项目四——站台岗岗位作业（接发列车）	
项目二——蹲姿		项目四——站台岗岗位作业（站台巡视）	
项目四——厅巡岗岗位作业内容		项目四——遗失物品保管	

二维码清单

（续）

名称	二维码	名称	二维码
项目五——乘客事务处理原则		项目六——客运服务质量	
项目五——乘客意外伤害处理及防范		项目六——服务质量管理	
项目五——乘客投诉处理			

目 录

前言

二维码清单

项目一 城市轨道交通客运服务概述 ········· 1
  任务一 车站客运服务设备设施认知 ········· 2
  任务二 城市轨道交通客运服务基本内容 ········· 24

项目二 城市轨道交通客运服务礼仪与职业道德 ········· 32
  任务一 仪容礼仪认知 ········· 33
  任务二 仪表礼仪认知 ········· 39
  任务三 仪态礼仪认知 ········· 48
  任务四 沟通礼仪认知 ········· 58
  任务五 城市轨道交通职业道德 ········· 66

项目三 城市轨道交通客运心理服务 ········· 72
  任务一 乘客心理特征认知 ········· 73
  任务二 客运服务人员心理特征认知 ········· 80

项目四 城市轨道交通车站客运服务 ········· 85
  任务一 站台客运服务工作 ········· 86
  任务二 站厅客运服务工作 ········· 94
  任务三 特殊乘客服务 ········· 103

项目五 城市轨道交通乘客事务处理 ········· 108
  任务一 客伤事件处理 ········· 109
  任务二 乘客投诉处理 ········· 114

项目六 城市轨道交通客运服务质量管理 ········· 122
  任务一 客运服务工作质量管理 ········· 123
  任务二 客运服务标准与评价 ········· 129

参考文献 ········· 137

项目一

城市轨道交通客运服务概述

【情境导入】

某日上午,某地铁站车站站厅站务员发现一名乘客带着一个拿着气球的小孩走进站厅,站务员主动上前对乘客说:"先生,您好!为了您和他人的安全,请不要带气球进站乘车!"乘客说:"为何不可以,气球能碍你什么事?"站务员向乘客做了耐心的解释:"为了您和他人的安全,按规定我们不能让您进站乘车,因为气球是易爆品,如果携带进站可能会危及其他乘客的安全,请您把气球的气给放了再带进站乘车,好吗?"乘客接受了站务员的意见,将气球放气后进站乘车。站务员处理完这件事后,发现一名醉酒乘客由于不熟悉城市轨道交通车票的使用方法而将单程票放在左手边的进闸机验票区后不见闸门打开就钻闸进站,他立即上前询问,但该乘客情绪激动,满口秽语,态度蛮横。该站务员始终没有还口,耐心向乘客解释:"应将车票放在右手端闸机验票区上使用。"但该乘客非但不听,反而破口大骂,甚至转身跳出闸机,挥拳狠狠打在站务员脸上,站务员顿时鼻血直流。该乘客的恶劣行径引起在场其他乘客的纷纷指责,在劝说无效的情况下,一名乘客拨打110报警,找来公安警务人员及时制止了该乘客欲进一步伤害其他乘客的行为。

地铁车站是城市轨道交通专门办理乘客运输业务的地点,承担了一个城市大量乘客集散的任务,是一个城市的流动文明窗口,代表了城市轨道交通企业和城市的形象。在城市轨道交通车站客运服务工作中,工作人员会遇到各种突发情况,如何做好服务工作、正确处理乘客事务、保证乘客安全、让乘客满意,是做好客运服务工作的关键。

任务一 车站客运服务设备设施认知

【任务描述】

城市轨道交通车站是乘客接受客运服务的主要场所,为了顺利完成车站客运组织任务,提高车站服务,必须在车站合理配置必要的服务设施。

本任务主要介绍与城市轨道交通客运有关的服务设备设施,如自动售检票系统、电梯系统、导向标志系统、乘客资讯系统和安全服务设施。

【学习目标】

目标	目标内容
知识目标	熟悉城市轨道交通服务设备设施的位置及原则 掌握城市轨道交通服务设备设施的功能 了解城市轨道交通服务设备设施的作用

项目一 城市轨道交通客运服务概述

(续)

目标	目标内容
技能目标	能认知各类城市轨道交通服务设备设施
	能引导乘客使用合适的设备设施
	能对城市轨道交通设备设施做好日常巡视
素养目标	培养属地责任意识
	具有系统的分析处理能力

一、自动售检票系统

自动售检票系统（AFC）是确保乘客出行的重要服务设备。

自动售检票系统终端设备安装在车站的站厅层，是直接为乘客提供票务服务的服务设备，主要包括自动售票机、半自动售票机、自动检票机和自动查询机等。自动售检票系统终端设备直接与车站计算机系统（SC）相连，接受 SC 及线路中央计算机系统（LC）的管理，将设备的交易数据及设备状态数据上传到 SC，并接收运营参数和控制命令（通常由 SC 下达）进行工作。

1. 自动售票机

自动售票机（TVM）安装在地铁车站的非付费区，用于向乘客发售系统设定的单程票、充值储值票，如图 1-1-1 所示。自动售检票系统软件克服了人工售检票模式速度慢、财务漏洞多和人工劳动强度大的弱点，可以由乘客自助购买单程票并及时提供票卡销售信息，为科学管理提供可靠的技术支持。其主要功能如下：

1）具有引导乘客购票的相关操作说明和提示信息。

2）通过乘客显示器及触摸屏向乘客显示设备运行状态信息及轨道交通线路和票价信息。

3）接受硬币和纸币支付方式，具有一次交易发售单张或多张单程票的功能。

4）未支付足够的费用之前，乘客可以终止交易，自动售票机返还已投入的硬币及纸币。

5）乘客投入的硬币及纸币金额将显示在触摸屏上，当金额大于或等于所需车资时，设备自动发售车票并找零。

6）实现硬币找零功能，并显示找零信息。

7）自动售票机通过局域网与 SC 相连，能实时上

图 1-1-1 自动售票机

传交易数据、设备运行状态和接收 SC 下达的控制命令和参数。

2. 自动检票机

自动检票机是自动售检票系统的重要组成部分，也是城市轨道交通车站票务岗接触最多的车站设备之一。

自动检票机（简称 AGM 或 Gate）安装在各地铁站的非付费区与付费区的交界处，是乘客进、出地铁站付费区时的检票口/闸口。

自动检票机能对乘客所持车票进行有效性检查，有效票放行，无效票禁止通行，对有效的单程票出闸时回收，有效的储值票出闸时扣费，并能定时将相关资料（如进、出站客流量及扣费记录）上传到 SC，生成相关报表。

按照阻挡方式分类，自动检票机可以分为三杆式自动检票机和扇门式自动检票机；按照读卡器的安装位置分类，自动检票机可以分为单向检票机和双向检票机。只在付费区或非付费区一侧安装有读卡器的检票机称为单向检票机，其中，读卡器安装在非付费区为进站检票机，读卡器安装在付费区为出站检票机；付费区和非付费区两侧均安装有读卡器的检票机称为双向检票机。

3. 半自动售票机

半自动售票机作为自动售检票系统的终端设备，其主要功能是通过工作人员操作完成票卡发售、车票分析、车票处理及服务功能，并通过车站局域网与 SC 连接，接收 SC 下达的命令及参数，并实时上传车票交易数据及设备运行状态信息。

二、电梯系统

电梯系统是城市轨道交通系统的重要组成部分，每天担负着大量的客流任务，对客流的及时疏散起着重要作用。常见的电梯系统有垂直电梯、自动扶梯和楼梯牵引机。

1. 垂直电梯

垂直电梯设置在车站出入口、站台层和站厅层，一般是提供给有需要的乘客使用，如残疾人士、携带有大件行李的乘客及其他有特殊需要的乘客。

2. 自动扶梯

自动扶梯作为一种方便、快捷的运输工具，它的使用率呈现上升趋势，已经在大多数城市轨道交通车站内使用。

自动扶梯设置在站台与站厅、站厅与地面出入口处，车站应根据预期客流量及客流需求，设置足够数量的上、下行自动扶梯，以保证客流疏散需求与服务质量。自动扶梯属于特种设备，其使用对象直接面向乘客，设备的安全可靠性尤为重要。因此，自动扶梯的设备选型要以安全可靠性及成熟性为依据。

3. 楼梯牵引机

楼梯牵引机是一种较为新颖的设备，属于车站无障碍设计的一部分，弥补了部分车站没有垂直电梯的不足，如图 1-1-2 所示。楼梯牵引机一般安装在站台与站厅、站厅与地面出入口步行楼梯的一侧，其上设置有轮椅平台，可在工作人员的操作下为乘坐轮椅的乘客提供服务。

图 1-1-2　楼梯牵引机

三、导向标志系统

为了给乘客提供优质良好的服务，城市轨道交通车站外部和内部设置有一定数量的导向标志。

导向标志系统是指为引导乘客方便、快速、安全地进站乘车、搭乘列车、下车出站、换乘、使用车站设施、观光等行为，而连续设置于地铁站外、站内、列车上的各类标志，以及完成紧急情况下进行客流疏散所设的紧急疏散标志。

1. 导向标志系统设计原则

导向标志系统应简洁、完整、美观，信息提示应按乘客的需求从一般信息到详细信息逐级设置，遵循信息适量原则，以达到"以人为本"及"服务乘客"的方针。

城市轨道交通系统中的公共标志应包括确认标志、导向标志、综合信息标志、禁止标志、安全警告标志和消防安全标志，形成完整的视觉引导系统。

导向标志系统的设计原则可归结如下：

（1）便利性原则　导向标志系统所设置的位置应起到主动引导乘客移动的作用。

（2）连续性原则　导向标志系统在设置时，要能够保证引导人流连续向目的地移动。

（3）统一性原则　由于导向标志系统是统一完整的有机系统，而构成这一系统的每一个要素（各种导向标志），都有其各自的作用，只有在标志的设置过程中，将这些要素作为统一有机的系统，根据其作用按照连续性原则进行统一设置，才能使导向标志系统发挥出整体作用。

2. 导向标志的设置要求

1）导向标志应设置在通道或者客流通行区域的中线位置，并与客流方向相垂直。辅助导向标志、提示与警告标志的设置应平行于客流方向。

站内导向标志间距不得大于40米，站外导向标志间距不得大于200米；在人流的交叉点、分流点和转向处，应设置相应的导向标志。

2）公用电话、公共厕所、问询处及其他服务设施，除另有规定外，均应单独设置相应的定位标志。

3）在城市轨道交通车站内，应在无障碍通道上设置导向标志，并在无障碍通道电梯和出入口等处，设置相应的定位标志。

4）在城市轨道交通车站内，应设置安全警示与防灾紧急疏散导向标志系统。

5）运营服务标志所采用的图形符号、色标、文字与阿拉伯数字等应符合相关规范和标准。

6）在运营服务标志的通视范围内，不得设置妨碍视线的广告或者其他设施，广告和其他设施的设置也不得影响运营服务标志功能的发挥，禁止在运营服务标志上设置广告。

7）轨道交通项目建设单位应负责新建轨道交通项目运营服务标志的建设；轨道交通线路运营单位应负责运营线路服务标志的日常管理和维护。

因工程施工或者其他原因使运营服务标志暂时不能发挥作用的，轨道交通线路运营单位应及时采取措施，以免误导乘客。

轨道交通线路运营单位可以根据实际需要设置临时运营服务标志，当临时运营服务标志失去作用时应及时撤除。

3. 标志分类

导向标志系统中各类标志按其发挥的作用可分为确认标志（用以标明某设施或场所的标志）、导向标志（用以向乘客提供某设施或场所方向指示的标志）、综合信息标志（用以表达乘客需要了解的与轨道交通系统相关信息的标志）、禁止标志（不准许乘客发生相应行为的标志类别）、安全警告标志（提示乘客注意，避免可能发生的危险的标志类别）和消防安全标志（与消防安全有关并符合消防规定的标志类别）等。

（1）确认标志

1）轨道交通标志（图1-1-3）。用于确认轨道交通车站的出入口位置，设置在地铁出入口外，满足不同方向的乘客辨识。

图1-1-3 轨道交通标志

2）站名标志（图1-1-4）。用于确认车站名称，设置在车站出入口和站台两侧的柱面或墙面上。

3）自动售票标志（图1-1-5）。用于确认自动售票的地点，设置在自动售票机、自动查询机或自动充值机上方或附近。

4）客服中心标志（图1-1-6）。用于确认客服中心的位置，设置在客服中心上方或附近。

5）自动检票机状态标志（图1-1-7）。自动检票机状态标志用于确认经自动检票机进入付费区或非付费区，设置在自动检票机上方，宜采用可变标志，两面都显示信息。

图 1-1-4　站名标志

图 1-1-5　自动售票标志　　　　　　　　图 1-1-6　客服中心标志

图 1-1-7　自动检票机状态标志

6）自动扶梯状态标志（图 1-1-8）。用于乘客确认自动扶梯的乘坐方向，设置在自动扶梯两端的上方。

7）电梯标志（图 1-1-9）。用于确认电梯的位置，设置在电梯附近。

图 1-1-8　自动扶梯状态标志　　　　　　图 1-1-9　电梯标志

如果电梯是残疾人士专用电梯时，应使用无障碍电梯的图形符号。

8）警务室标志（图 1-1-10）。用于确认警务室的位置，设置在车站内警务室附近。

图 1-1-10　警务室标志

9）卫生间标志（图 1-1-11）。用于确认提供给乘客使用的卫生间的位置，设置在卫生间附近。当卫生间配备有无障碍专用设施时，应与无障碍服务设施图形符号组合使用。

图 1-1-11　卫生间标志

10）无障碍设施标志（图 1-1-12）。用于确认无障碍专用设施的位置，设置在无障碍专用设施上或附近。

11）出口标志（图 1-1-13）。用于确认车站出口的位置，设置在非付费区人行通道口的上方。含出口外标志性建筑、公园、旅游景点名称。

图 1-1-12　无障碍设施标志

图 1-1-13　出口标志

（2）导向标志

1）轨道交通车站导向标志（图 1-1-14）。用于指示前往轨道交通车站出入口的方向，设置在轨道交通出入口周围 500 米半径范围内，宜设置在道路交叉口、行人道、重要建筑出口等人流量较大的地点。当换乘站多条线路的出入口分开设置，站内无法连通时，应该增设指示不同线路出入口的指向标志，即增加线路号。

图 1-1-14　轨道交通车站导向标志

2）自动售票导向标志（图1-1-15）。用于指示通往自动售票机、自动查询机或自动充值机的方向。应设置在从轨道交通车站入口或站厅入口到自动售票机、自动查询机或自动充值机路线上的分岔口处。

图1-1-15　自动售票导向标志

3）客服中心导向标志（图1-1-16）。用于指示前往客服中心的方向，设置在从车站入口或站厅入口到客服中心路线上的分岔口处。

图1-1-16　客服中心导向标志

4）无障碍设施导向标志（图1-1-17）。用于指示前往无障碍设施的方向，设置在无障碍设施附近。

5）电梯导向标志（图1-1-18）。用于指示通往电梯的方向，设置在通往站台、站厅层中电梯的适宜位置。

6）自动扶梯导向标志（图1-1-19）。用于指示前往自动扶梯的方向，设置在站台通往站厅层自动扶梯的附近。

7）卫生间导向标志（图1-1-20）。用于指示前往卫生间的方向，设置在站台到卫生间的通道上。

图1-1-17　无障碍设施导向标志

图1-1-18　电梯导向标志

图1-1-19　自动扶梯导向标志

图1-1-20　卫生间导向标志

8）乘车导向标志（图1-1-21）。用于指示前往站台的方向，设置在从客服中心或售票服务设施到乘车站台路线上的分岔口处。

图1-1-21　乘车导向标志

楼梯的乘车导向：用于楼梯上方指示前往乘车的方向，设置在楼梯上方的相应位置。

站台的乘车导向：用于站台层指示前往乘车的站台方向，设置在站台上方的相应位置。

线路的乘车导向：用于站台或站厅层指示前往不同线路乘车的方向（换乘车站适用）。

9）列车运行方向导向标志（图1-1-22）。用于指示列车运行的方向，含本站站名、端站名、站台编号及线路图。应设置在站台上方、屏蔽门上方或者道心侧墙上。

图1-1-22　列车运行方向导向标志

10）出站导向标志（图1-1-23）。用于指示前往车站出口的方向，设置在从站台到出口路线上的分岔口处。站台层的出站导向标志用于指示通往站厅层的楼梯或自动扶梯，设在站台的楼梯或扶梯口附近。站厅层的出站导向标志用于指示车站出入口的方向，不同出口的出站导向标志宜集中设置，主要设在楼梯或扶梯口前往出站检票机的通道上。

图 1-1-23　出站导向标志

11）紧急出口导向标志（图1-1-24）。用于指示紧急出口的方向，设置应按照相关国家标准执行。

图 1-1-24　紧急出口导向标志

12）公交枢纽导向标志（图1-1-25）。用于指示前往公交枢纽站的方向，设置在通往公交枢纽的路线上。

图 1-1-25　公交枢纽导向标志

13）候车带导向标志（图1-1-26）。与安全线相垂直，每隔几步就有一方形区域叫作候车带。地铁列车进站后会自动定点停车，车门刚好正对候车带，候车的乘客应站在候车带两侧，中间下两侧上。

14）盲人指引地砖（图1-1-26）。与候车带相连的，还有一条带有凸纹的地砖带叫作盲人指引地砖，或叫作盲人导向带。

车站范围内（出入口和通道、站厅、站台），按国际标准设有盲道，用来引导视障人士使用站内设施及搭乘地铁。在轨道交通车站里不同的位置，排列的颗粒形状也不同，上下楼梯处的每一级也有专门标志，整条盲道的方向与位置标识都按照专门标准设置，便于使用人士区别。

（3）综合信息标志

1）车站出入口标志（图1-1-27）。用于向乘客提供车站名称和出入口位置等信息，设置在地铁的出入口。

图 1-1-26　候车带导向标志和盲人指引地砖

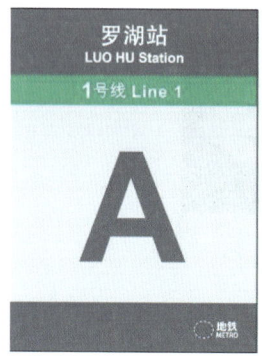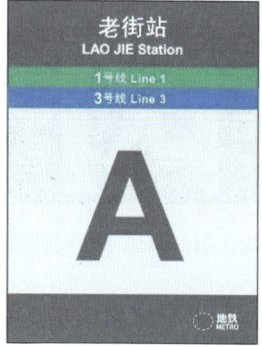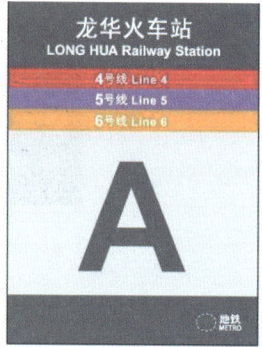

图 1-1-27　车站出入口标志

2）运营时间标志（图 1-1-28）。用于向乘客提供轨道交通的运营时间，设置在地铁的出入口。

图 1-1-28　运营时间标志

3）公告（图 1-1-29）。用于提供轨道交通系统中的运营制度、法律、规章制度等信息，设置在站厅中非付费区的适宜位置。

4）轨道交通线网示意图（图 1-1-30）。用于提供完整的轨道交通运营线路信息，设置在车站入口、站厅和站台的适宜位置。宜同时列出各线路重要站点和换乘站点名称等乘客需要的信息。

项目一　城市轨道交通客运服务概述

图 1-1-29　公告

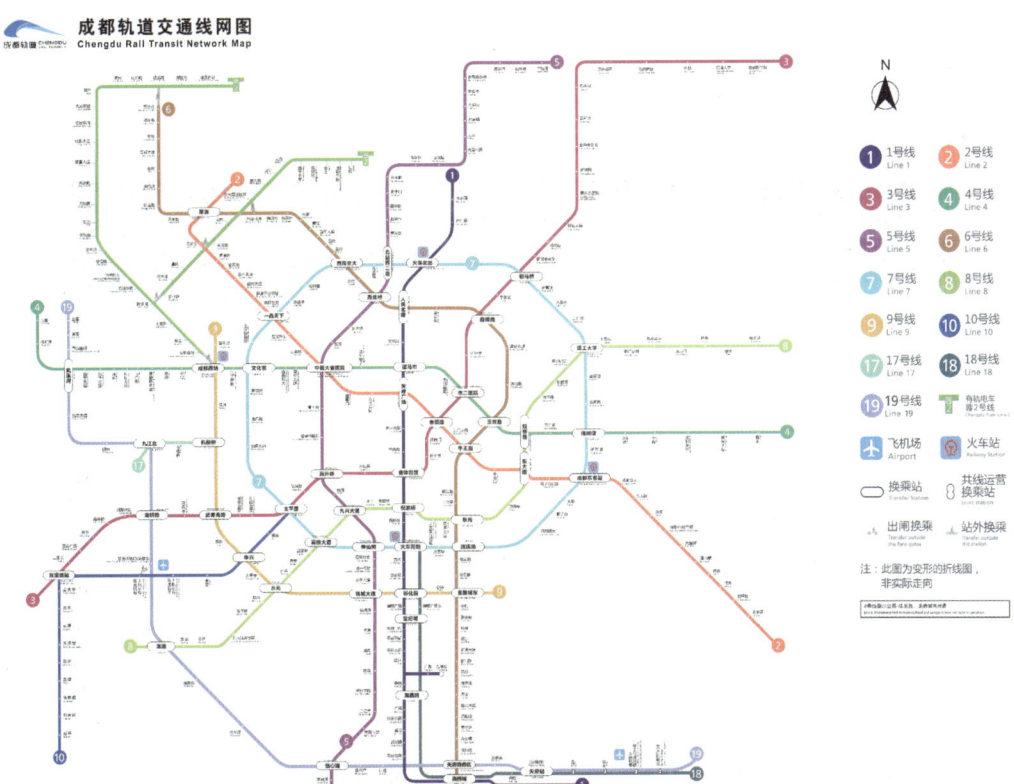

图 1-1-30　轨道交通线网示意图

5）票务信息示意图（图 1-1-31）。用于提供轨道交通票务资料，应与轨道交通线网示意图组合显示，设在自动售票机附近。

图 1-1-31　票务信息示意图

6）轨道交通车站空间示意图（图 1-1-32）。用于提供轨道交通车站内各服务设施和出入口的相对位置。

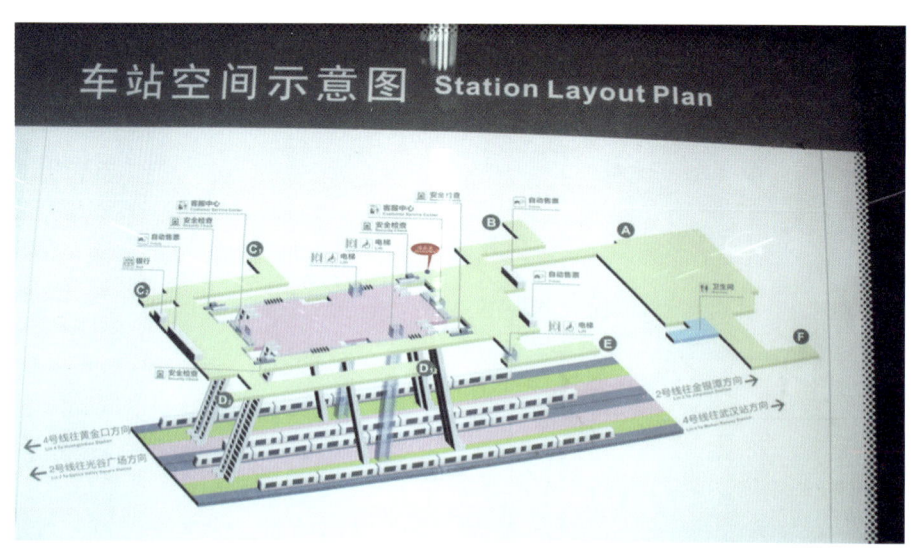

图 1-1-32　轨道交通车站空间示意图

7）列车运行线路标志（图 1-1-33）。用于提供当前车站名、列车运行方向及列车所在轨道交通线路中的所有车站名称等信息，设置在站台的适宜位置，已经过车站用浅灰色表示。

图 1-1-33　列车运行线路标志

8）车站周边信息图（图 1-1-34）。用于提供轨道交通车站周边 500 米半径区域内与交通出行相关的重要信息，宜设置在站厅付费区的适宜位置。

信息图应按照地图上的位置正确标注主干道和次干道、标志性建筑物、旅游景点和公园的名称，还应标注出租车上下站位置、公共交通线路、公交车车站名及其位置等信息。

图 1-1-34　车站周边信息图

9）车站出口信息标志（图 1-1-35）。用于提供车站当前出口周边主要街道（包括主干道和次干道）、标志性建筑物、旅游景点、公园和主要公交线路名称等信息，设置在前往出口通道的适宜位置。

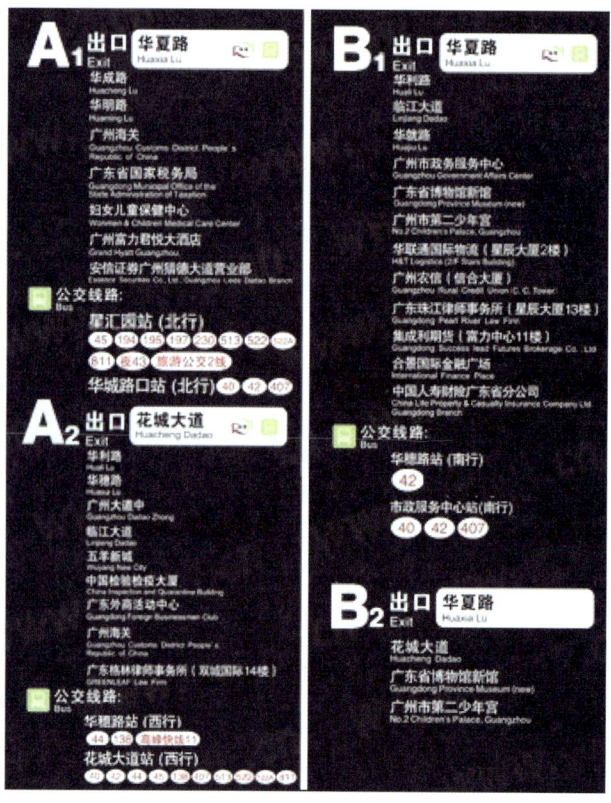

图 1-1-35　车站出口信息标志

10）车厢信息标志（图 1-1-36）。用于在车厢内为乘客提供信息服务，设置在车厢内的适宜位置。

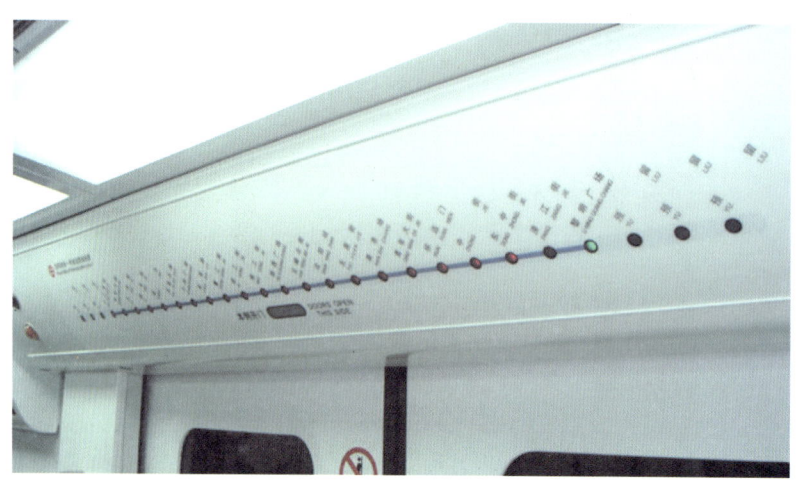

图 1-1-36　车厢信息标志

（4）禁止标志

1）禁止携带危险品标志，如图1-1-37所示。

图1-1-37　禁止携带危险品标志

2）其他禁止标志（图1-1-38）。如：禁止吸烟标志、禁止入内标志、禁止携带宠物标志、请勿坐卧停留标志、禁止触摸标志、请勿乱扔废弃物标志、禁止饮食标志、禁止摆卖标志、禁止跳下标志、禁止攀登标志、禁止入洞标志等。

图1-1-38　其他禁止标志

（5）安全警告标志

安全警告标志，如当心滑跌标志、当心绊倒标志、小心碰头标志、当心触电标志、小心夹手标志、注意安全标志等，如图1-1-39所示。

图1-1-39　安全警告标志

（6）消防安全标志

消防安全标志应符合国家相关标准的要求，如图1-1-40所示。

（7）安全线

站台近轨道处有一条黄色警戒线叫作安全线，如图1-1-41所示。乘客必须站在安全线以内候车。

图 1-1-40　消防安全标志

图 1-1-41　安全线

四、乘客资讯系统

乘客资讯系统（Passenger Information System，PIS）通过设在各车站的各类显示终端，为乘客提供列车运行信息；在紧急情况下发布紧急信息，以帮助疏导乘客；通过查询机的触摸屏，乘客可以自行查询换乘信息、车站周边情况、广告、新闻政府公告等资讯，以提升地铁的服务质量。同时，也可利用分布在各车站的各类显示终端，发布广告。

PIS 的信息可以分为文本和简单图片信息、媒体文件两大类。

文本信息包括预定义的紧急信息和常规信息、实时信息（如列车到站信息、列车离站信息、商业信息、系统默认的信息等）。

媒体文件包括图像和影音等信息。

车站 PIS 的主要功能有乘客引导信息、乘车须知等其他信息的播出，实时显示列车到达和离开的时间，重要通知和突发事件的通知，各种广告信息和便民信息的显示，转播电视台节目，时钟信息显示。

PIS 在车站的分布一般有出入口外的户外双基色 LED 显示屏、出入口通道连接站厅处

LED 显示屏、下行自动扶梯上部 LED 双基色大屏幕、自动售检票系统闸机群上方 LED 条屏、车站两端触摸屏（LCD）查询机、站台双面等离子屏等，如图 1-1-42 和图 1-1-43 所示。

图 1-1-42　车站触摸屏查询机

图 1-1-43　站台 PIS 显示屏

五、安全服务设施

1. 安检设备

安检设备是确保城市轨道交通系统正常安全运行的重要保障性服务设备。车站安检设备主要包括 X 射线安检机、金属探测门、手持金属探测器、危险液体检测仪等，以及其他辅助安检设施。

2. 安全锤

安全锤是乘客在遇险时敲窗逃离车厢的有效工具，该工具位于每节车厢车体两端的上方位置。在紧急情况下，乘客首先打开保护罩板，取出安全锤，然后朝车窗玻璃的四个角分别用力击打，这样可提高敲窗效率，实现迅速逃离。

3. 车门紧急解锁手柄

车门紧急解锁手柄，位于每节车内部各车门的上方。可在紧急情况下，供乘客疏散时使用。使用时，乘客要首先打开防护罩。按照箭头提示方向旋转扳动红色手柄，然后即可顺利拉开车门。需注意的是，该装置为机械解锁，在无电情况下仍可使用。

4. 反恐装备

地铁作为大型交通工具，一旦发生爆炸事件伤害将对乘客的人身及财产安全造成巨大影响。为此，地铁车站配备有防爆装备，如防爆钩、防爆罐、防爆毯、防爆盾牌、危险物品储存罐、救生缓降器和屏蔽干扰仪等，及时排除爆炸源头，从而保障乘客的生命安全。

（1）防爆钩　如图 1-1-44 所示，防爆钩主要是用在当危险物品被放置在人手无法触及到的位置时，能把物品安全地钩吊出来，放置到安全区域。当然，在人手可以触及的范围内，若物品有危险性，为确保警察的人身安全，也可以用防爆钩钩吊。

（2）防爆罐　防爆罐是一种可防范及减弱爆炸物品爆炸时对周边人员及物品造成损伤的器材。按形状来分可分为桶形与球形（图 1-1-45 和图 1-1-46），也称为防爆桶和防爆球；根据实际使用情况可配装牵引车。

1）防爆罐（桶形）。防爆罐（桶形）是一种用于临时隔离、储存及处置爆炸物品的向上单向泄爆式排爆装备。采用耐冲击特种材料制造而成，起到

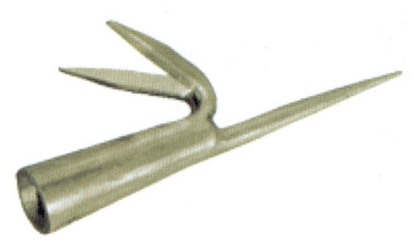

图 1-1-44　防爆钩

可以弱化爆炸装置的爆炸威力，以达到保护人员和财物的目的。整个装置由防爆盖、罐体和牵引钩绳组成，专为地铁、机场、车站、海关、边检等人员密度大，客流量大的室内场所设计。

图 1-1-45　防爆罐（桶形）

图 1-1-46　防爆罐（球形）

2）防爆罐（球形）。防爆罐（球形）是一种密封式的容器，大量试验证明其抗爆能力极强。爆炸物品即使在罐内爆炸，冲击波和碎片也会被阻隔在球内，对周围的人和环境起到很好的保护作用。防爆球下方安装有四个脚轮，在使用的时候可以在平坦的地面上推移至空旷的场所，适合应用于人群聚集的机场、车站、各种场馆等公共场所临时储存爆炸物品。

3）车载式防爆罐。车载式防爆罐是将防爆球装载在自制拖车上，除具有普通防爆罐的优点外，其独到的优点是机动性强，适合于各类大型活动和重要警卫场所使用，如图 1-1-47 所示，并可及时地将发现的爆炸装置运往安全地区，以便对其进行妥善处置，它还有着比普通防爆罐更强的抗爆性能，因此是公安、武警部门首选的排爆装备。同时，它也比国外同类产品价格低，适用范围广，且美观大方。

项目一　城市轨道交通客运服务概述

图 1-1-47　车载式防爆罐

（3）**防爆毯**　防爆毯是一种采用高强度防弹纤维材料，经过特殊工艺加工制成的一种毯子形状的防爆器材，如图 1-1-48 所示。它的外套耐磨、防水；防爆毯可替代原防爆罐笨重的沙包，可以阻挡易爆物爆炸时产生的冲击波和碎片，用于爆炸物的隔离，保护。

（4）**防爆盾牌**　防爆盾牌是一种由弧形防护板、支架和脚轮构成的可移动的防护装备，可以阻挡爆炸物爆炸后产生的破片和冲击波，保护排爆人员的人身安全，一般与各种杆式机械手配套使用，如图 1-1-49 所示。

图 1-1-48　防爆毯　　　　　　　　　　　图 1-1-49　防爆盾牌

（5）**危险物品储存罐**　危险物品储存罐用于地铁、机场、码头、车站、体育馆、展览场馆、广场、安检场所、客货轮船及铁路列车上储存疑似腐蚀性、挥发性、易燃性液体，生化物品及疑似小当量爆炸危险物品等。

（6）**屏蔽干扰仪**　从外表看，屏蔽干扰仪像是计算机机房里摆放的一台高级路由器，一旦在地铁里发现疑似爆炸物，在现场的地铁警察将第一时间打开屏蔽干扰仪，对有效范围内的一切无线电信号进行屏蔽。每处车站警务室都配备有防暴网枪、防毒面具、防刺服、防火服等一整套功能先进、门类齐全的反恐处突应急装备，确保快速有效处置突发事件。

知识拓展

"萌新"报到！青岛地铁智慧车站又上新

您注意过车站服务中心旁的"小蓝"吗？看似"憨头憨脑"的它其实十分聪明。

它叫作STT，又名乘客自助票务处理终端。您可将车票放置在STT的感应区，点选屏幕即可自助进行车票交易历史查询、补进站、超时更新、超程（余额不足）更新、超时且超程更新等操作。该设备不收现金，只需将支付码对准扫码口即可完成支付。

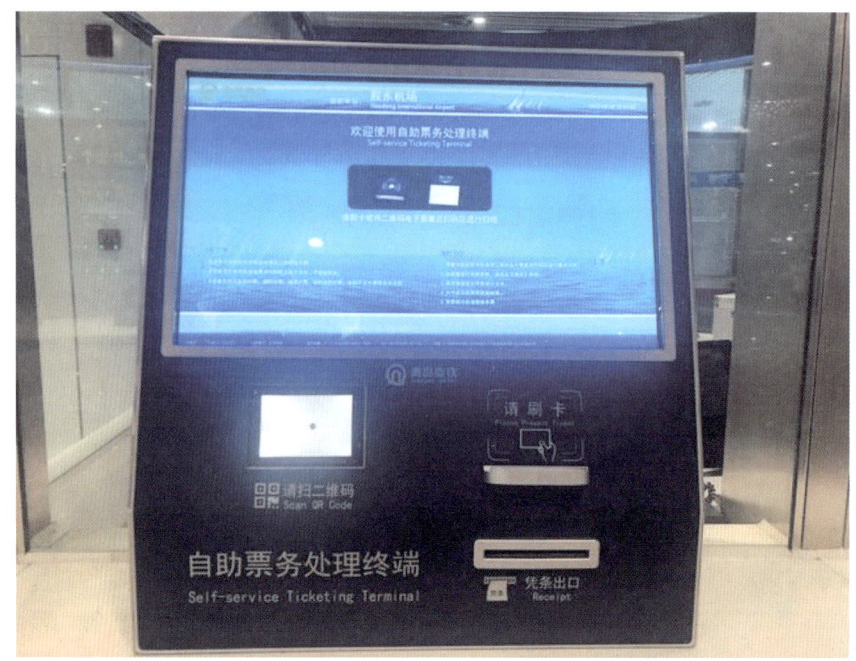

资料来源：青岛早报，2022年9月19日

 【任务实施】

地铁标志设计

一、任务描述

查询拟建地铁的城市，为它们设计Logo，并说明设计思路。

二、任务要求

1）查询在建/拟建地铁的城市，调研城市历史及文化。

2）根据城市背景，设计该城市地铁 Logo，Logo 需带有该城市的鲜明特色。

3）4~6 人一组，完成 PPT 制作与分享。

【任务评价】

任务评价表见下表。

任务评价表

评价项目	评价标准	得分	备注
PPT 制作 （30 分）	1）PPT 播放流畅（5 分）		
	2）PPT 采用文字、图片、视频、图表等多种表现形式（10 分）		
	3）PPT 制作布局合理，字体清晰，大小合适，层次分明（10 分）		
	4）PPT 结构合理，逻辑顺畅，整体风格协调统一（5 分）		
设计内容和结果 （40 分）	1）所选城市具有针对性（5 分）		
	2）调研内容全面、完整（10 分）		
	3）针对所选城市设计的地铁 Logo 符合地铁特点并具有城市特色（25 分）		
PPT 汇报 （30 分）	1）声音响亮，态度从容（5 分）		
	2）语言表达得体、流利，具有感染力（10 分）		
	3）反应灵活，能恰当回答其他小组及教师提问（15 分）		

【学习小结】

本任务主要介绍车站客运服务的基础设备设施，通过本任务的学习，对车站各系统及设备功能有一定了解，对车站工作环境具备一定认知能力。

【知识巩固】

简答题

1. 简述客运服务标志的分类。
2. 试举例说明自动售检票系统的功能。

任务二 城市轨道交通客运服务基本内容

【任务描述】

城市轨道交通是乘客出行的一种选择,乘客在出行时会选择什么类型的交通工具取决于交通带给乘客的服务是否舒适、快速、安全。城市轨道交通客运服务效果是乘客对轨道交通是否满意的关键所在,是乘客评价轨道交通的直观感受来源。

【学习目标】

目标	目标内容
知识目标	熟悉客运服务的原则
	掌握客运服务各岗位职责
	掌握客运服务各岗位工作内容
技能目标	能按照不同场景进行客运服务模拟演练
素养目标	具有良好的职业道德认识、情感、意志、行为、修养和组织纪律观念
	树立一切为了乘客的思想意识和观念
	具有创新精神与实践能力

【知识准备】

一、客运服务内容认知

1. 客运服务的概念

城市轨道交通客运服务是城市轨道交通工作人员为了保证乘客安全、准时、快速、舒适出行提供的所有劳务活动,既包括站务人员的窗口服务,也包括维修维护等人员的后台服务。车站客运服务是本课程的核心内容,主要是指城市轨道交通服务人员在车站为满足乘客需求提供的具体服务。

2. 客运服务的基本特性

(1) **无形性** 客运服务属于无形产品,这就要求作为服务提供者的城市轨道交通运营企业必须增强服务的有形性,尽可能通过实物的方式来表现出自身的服务水平,如整洁的车站环境、有序的客流组织、清晰明确的导向标志等。

(2) **即时性** 客运服务的即时性是指城市轨道交通客运服务具有无法储存的特点。服务过程一结束，服务就消失，乘客即使不满意也无法更换或退回服务，这样，就不能像有形产品那样通过更换商品来使乘客满意，挽回不良影响。

客运服务的即时性使城市轨道交通运营企业对服务供给量及服务时间难以进行准确的预测，从而造成运营企业不能准确根据服务市场的供求变化来调节自身的服务供给，容易造成客运服务能力供给不足或浪费。

(3) 同时性　客运服务的同时性是指客运服务的生产过程和消费过程在空间和时间上同时存在，同时进行。从运输企业的角度来说，运输过程就是服务的生产过程，而从乘客的角度来看，则是消费过程。一方面，乘客参与服务提供的过程；另一方面，乘客的参与对运营企业的服务时间、服务质量和服务设施的提供都造成了不确定性影响，从而给服务质量的管理和控制带来困难。

(4) 差异性　客运服务的水准和质量常因人、因地、因时而异，任何客观条件和主观心理的变化都有可能使服务出现差异。服务是由客运服务人员通过劳动完成的，而每位服务人员由于年龄、性别、性格、素质和文化程度等方面的不同，他们为乘客提供的运输服务也不尽相同，即使是同一员工在不同的场合、不同的时间或面对不同的乘客，其服务态度和服务方式也会有一定的差异；同时，对于乘客来说，在不同的时间也会存在服务需求的差异。服务的差异性给服务评价带来了更多的不可量化性。

3. 客运服务的分类

(1) 按照服务时间和销售时间划分　按照服务时间和销售时间不同，客运服务可以划分为售前服务、售中服务和售后服务。售前服务是指服务时间早于销售时间的服务，售中服务是指服务时间与销售时间同步的服务，售后服务是指服务时间晚于销售时间的服务。

对于城市轨道交通客运服务来说，既有售前服务，又有售中服务和售后服务。售前服务是指乘客购票之前接受的服务，主要包括乘客到达车站后的问询服务、自助查询服务和导向服务等；售中服务是指乘客在购票过程中享受的服务，主要包括乘客的购票服务、找零服务、兑换服务和问询服务等；售后服务是指乘客购票进入车站付费区后的全部服务，它占有的比例最大，主要包括检票服务、列车服务和站台服务等，该服务一旦出现缺失，将会给运营企业带来不良的影响。

(2) 按照提供服务的主体划分　按照提供服务的主体不同，客运服务可以划分为人工服务和自助服务。自助服务主要是通过自助设备设施向乘客提供所需要的服务，如自动售票机提供的售票、充值和查询服务。在该种服务下，服务人员必须保证设备设施的干净整洁和可操作性。人工服务主要是依靠服务人员与乘客交流，询问相关信息，利用相关设备提供乘客所需要的服务，如安检服务、售票服务等。对于该类服务，服务人员的服务态度和工作效率具有至关重要的影响。

(3) 按照是否需要和乘客直接接触划分　按照是否需要和乘客直接接触，客运服务可以划分为前台服务和后台服务。前台服务是指直接和乘客接触的服务，这类服务直接面向乘客，形成乘客对服务质量的感知，因此，前台服务是服务的核心。后台服务不直接面向乘客，而是为前台服务提供技术性和管理性工作，它是对前台服务的一种支持。

4. 客运服务的内容

（1）城市轨道交通运营企业的整体服务 城市轨道交通运营企业的整体服务如图 1-2-1 所示。

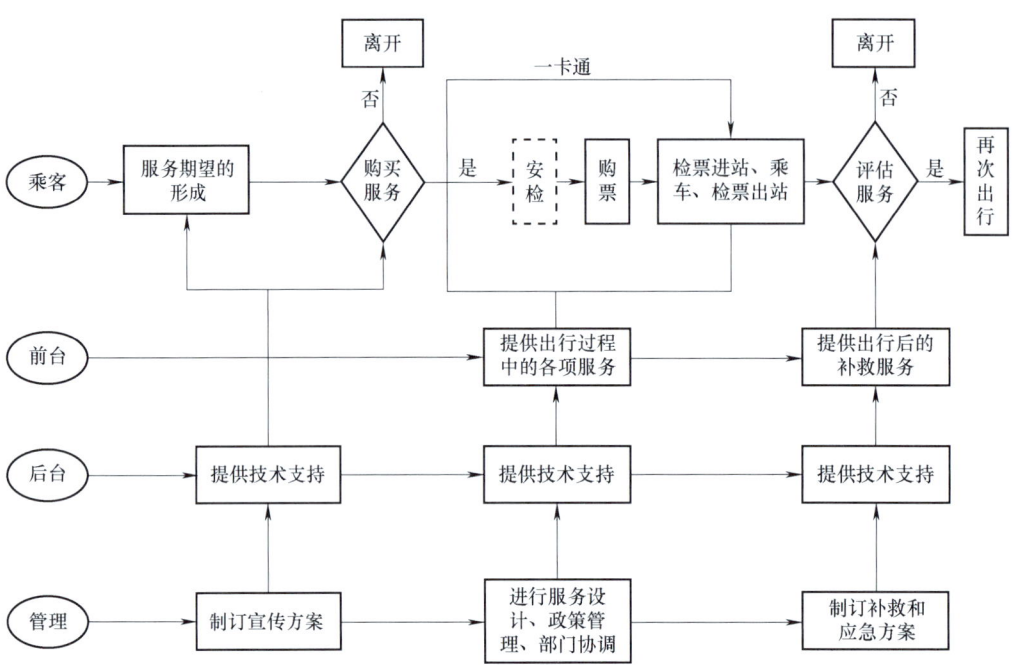

图 1-2-1　城市轨道交通运营企业的整体服务

（2）车站服务的具体内容及乘客需求（图 1-2-2）　乘客从进入城市轨道交通车站开始就接受服务，一直到乘客在目的地下车出站。因此，乘客乘坐地铁的过程（图 1-2-3）就是车站服务的过程，每个环节都需要服务人员热情、周到、细心。

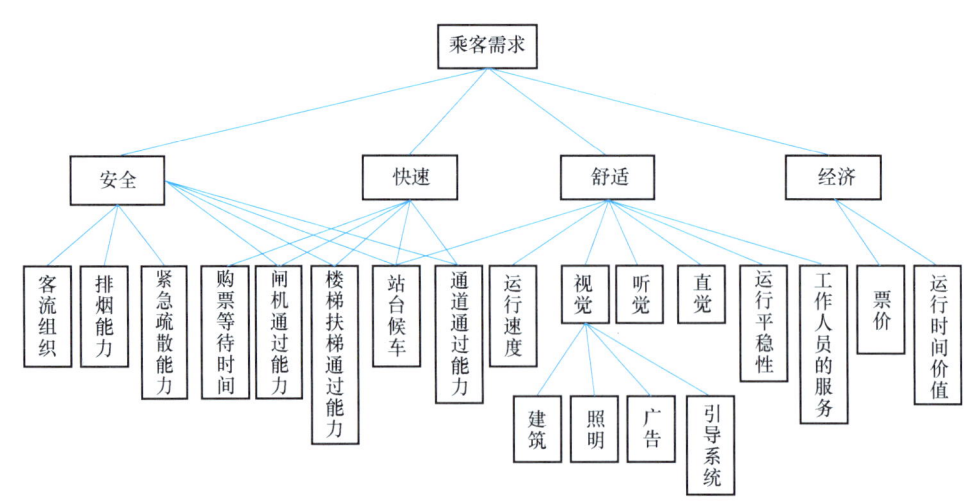

图 1-2-2　车站服务的具体内容及乘客需求

1）出入口进入站厅（安检）。

① 乘客需求：车站位置合理，出入口容易找到，引导标志明确，安检效率高。

项目一　城市轨道交通客运服务概述

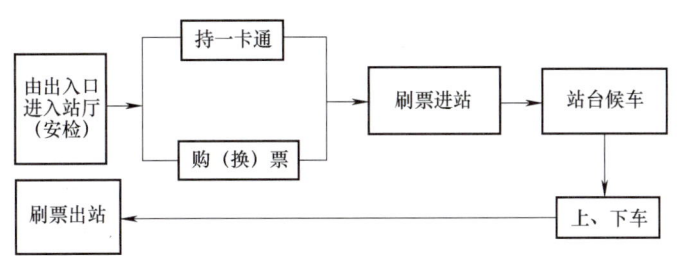

图 1-2-3　乘客乘坐地铁的过程

② 服务基本内容：这是车站服务工作的开始，服务内容主要包括安检服务、问询服务和引导服务。安检是乘客进入城市轨道交通车站的第一环节，此处也是车站最容易发生拥堵的地方之一，所以服务人员一方面需要做好引导工作，同时还要负责保障乘客财物的安全，维持好秩序。

2）购（换）票服务和充值服务。

① 乘客需求：车站非付费区应合理设置自动售票机和售票亭，并保证售票设备不被其他用途的设施遮挡，引导指示明确，标志醒目，购票充值等候时间不长。

② 服务基本内容：乘客进入车站付费区前需要购票，其方式有人工售票和自助售票两种，为持一卡通的乘客提供充值服务。服务人员应协助指导乘客规范使用自动售票机、自动充值机、自动查询机，严格按照票务管理的相关作业程序进行作业，做到热情、准确、迅速。

3）刷票进站。

① 乘客需求：闸机位置醒目，指示明确，能快速通过闸机。

② 服务基本内容：乘客购票后，将所持车票放在刷卡区域，经检票无误后，闸机释放，让乘客通过闸机进入付费区。服务人员需要提供问询服务、处理坏票服务和提醒服务。

4）站台候车。

① 乘客需求：方便到达站台，舒适候车，明确自己所乘列车的进站时刻和方向。

② 服务基本内容：引导乘客文明乘车，向乘客宣传在黄线以内候车，维持站台候车秩序，制止乘客在站台追逐打闹、跳下站台等行为。

5）上下车。

① 乘客需求：广播系统提供有效提示，上下车秩序良好、安全快速。

② 服务基本内容：主要包括维护站台的乘降秩序，提醒乘客先下后上，在车门或站台门开关过程中，制止乘客强行上下列车行为，车门或站台门关闭后，禁止扒门等行为。

6）刷票出站。

① 乘客需求：出站闸机引导指示明确，能够快速出站，票务问题处理等候时间短。

② 服务基本内容：乘客乘坐城市轨道交通列车到达目的车站后，需从闸机处刷票/卡/码出站。和进站服务一样，服务人员需要提供问询服务、处理坏票服务和提醒服务。

5. 客运服务的原则

（1）以乘客为中心　客运服务本身旨在帮助乘客，解决乘客遇到的不便，给乘客带去便利和舒适。客运服务人员在服务过程中要始终坚持以乘客为中心，提升服务质量。

27

对待乘客要一视同仁，给予乘客同等的服务，要尽可能帮助乘客解决问题。

（2）**尊重乘客** 尊重乘客就是要在服务过程中，客运服务人员将对服务对象的尊重放在首位，不能伤害服务对象的自尊心，更不能侮辱对方的人格。

（3）**以理服人、得理让人** 乘客的构成是十分复杂的，要能够与修养程度参差不齐、脾气性格各异的乘客交往。矛盾在所难免，在处理这些矛盾时，既要坚持原则，又要讲文明礼貌，保持对乘客的尊重。

以理服人、得理让人指的是服务人员在矛盾面前不是一句话不讲，而是要心平气和、有礼貌地说理，有了理又要本着弱化矛盾的态度宽以待人，做到得理让人。对于一般的无理乘客，客运服务人员只要坚持耐心诚恳的态度，始终对他们保持信任和尊重，争取他们的态度转变是有可能的。

二、客运服务岗位认知

1. 车站服务人员管理架构

车站是城市轨道交通系统的重要组成部分，是运营企业与乘客的主要联系环节。一般来说，车站常驻人员主要有站区长、值班站长、车站值班员、车站自动化设备综合控制员（以下简称综控员）、站务员、保安人员、保洁人员、设备维修人员和地铁公安人员等。

车站管理模式采用值班站长负责制，负责当班期间车站的行车安全、客运服务、票务服务、环境清洁、事件处理和人员管理等工作。在值班站长的指挥下，各岗位工作人员按照岗位职责和工作流程开展工作。

一般情况下，车站实行层级负责制，由上至下的顺序依次为站区长、值班站长、综控员、站务员。信息实行逐级汇报，特殊情况下可越级管理、越级汇报。

站务员是车站的基层员工，听从车站值班站长和综控员指令，按工作地点划分，可分为票亭岗、站厅岗和站台岗。

车站管理架构如图 1-2-4 所示。

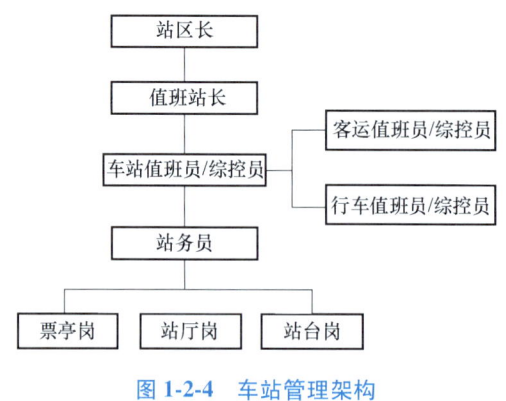

图 1-2-4 车站管理架构

2. 岗位职责和工作内容

（1）**站区长**

1）制订站区工作计划、任务及服务方针，确保各车站人员按要求提供安全及高效的车站服务，维护公司的整体形象。

2）制订车站人员值班表，确保车站工作的安排、指导、检查、监督、评价和考核工作能适当及公平公正地执行，减少内部矛盾，保持车站团队的伙伴合作精神，营造积极向上的良好工作氛围。

3）指导管理所辖范围内的工作，并保证及时、安全、高效地处理突发事件，以便尽快恢复客运服务，做好恢复、善后及预防的工作。

4）指导车站人员提供安全高效的乘客服务，向所有车站人员传达车站服务的要求标准及重要性，并适当地指导车站人员认真处理乘客投诉，分析其产生的原因，并制订相应的整改措施。

5）在管理车站客流方面，要采取多项措施确保各车站值班站长能通过控制手段，对车站客流做出适当的调整及疏导，以配合正常、降级和紧急的情况。

6）安排车站人员重温培训及资格的考核，包括模拟测试、当地的培训及演练，以期提高车站人员的服务水平及应急处理能力。

（2）值班站长

1）协助管理并监督车站内的所有活动，包括维修工作和票款的收集。

2）协助制订站务人员排班表，确保站务工作的安排、指导、检查、监督、评价和考核工作能公平、公正地执行，减少内部矛盾，以营造及维持站务室内的团队伙伴合作精神。

3）在处理重大故障或事故时，确保与运营控制中心保持紧密的沟通合作，在最短时间内恢复运营。

4）确保车站人员提供安全而高效的乘客服务，需向所有站务员传达站务服务的要求标准及重要性，并适当地运用站务室各种资源，让站务人员执行站务工作，以配合正常、降级和紧急的情况。

5）定期安排本班站务人员重温培训及资格的考核，包括模拟测试、车站培训及演练，以期提高站务人员的服务水平及应急处理能力，使站务人员时刻保持较高的服务水平和能力。

（3）车站值班员

1）严格遵守并执行上级指示、命令和有关规章制度。

2）负责与行车调度员联系，接收调度命令，统一指挥车站行车工作。

3）负责监视车站控制台和列车运行情况，根据行车调度员的指示办理各项行车作业按规定做好施工管理及组织工作。

4）负责环控、火灾报警及各类图像监控设备的监控、现场确认与处理。

5）负责自动售检票系统的监控、更换票箱及相关数据的采集、统计。发现危及行车或人身安全的紧急情况及时制止，并按规定处理。

6）回收票箱、钱箱，清点，上传数据和统计。

（4）站务员

1）负责在售票室处理坏票、补票，保证票款的正确和安全，帮助乘客换取福利票，处理一卡通发售和充值等相关服务。

2）处理乘客投诉和乘客问询工作，接收乘客捡拾物品。

3）负责维持站台秩序，组织乘客有序乘降，巡查站台，制止并处理乘客违反城市轨道交通运营管理相关规定的行为。

4）负责客流组织工作，必要时采取一定的限流措施。

5）关注行动不便乘客，必要时帮助其上下车。

6）简单处理车门、站台门故障，协助值班站长进行事故处理。监视列车运行状态，发现异常情况及时处理。

车站客运服务内容调研

一、任务描述

选取所在城市地铁任一车站，以乘客身份体验乘车服务全过程，并完成"某车站客运服务调研"。

二、任务要求

1）乘车过程中拍摄记录每个乘车服务环节（进站、安检、售票、检票、候车、乘降、换乘和出站）的服务环境与服务设备。

2）记录车站内其他服务内容的服务情况（无障碍设施、广告、自动售卖机等）。

3）分析车站环境、服务环节的优点或不足，如可能，请给出解决的建议。

4）4~6人一组，完成PPT制作与分享。

任务评价表见下表。

任务评价表

评价项目	评价标准	得分	备注
PPT制作 （30分）	1）PPT播放流畅（5分） 2）PPT采用文字、图片、视频、图表等多种表现形式（10分） 3）PPT制作布局合理，字体清晰，大小合适，层次分明（10分） 4）PPT结构合理，逻辑顺畅，整体风格协调统一（5分）		
调研内容和结果 （40分）	1）调研车站选取具有针对性（5分） 2）调研内容全面、完整（10分） 3）针对车站客运服务情况分析合理、准确，改善措施具有针对性（25分）		

（续）

评价项目	评价标准	得分	备注
PPT 汇报 （30 分）	1）声音响亮，态度从容（5 分）		
	2）语言表达得体、流利，具有感染力（10 分）		
	3）反应灵活，能恰当回答其他小组及教师提问（15 分）		

【学习小结】

本任务主要介绍城市轨道交通客运服务的基本内容与特性、车站服务岗位职责及其工作内容。通过本任务的学习，学生能够掌握城市轨道交通客运服务基本环节，具备一定的服务意识与服务精神。

【知识巩固】

简答题

1. 城市轨道交通客运服务的基本特性是什么？
2. 客运服务的原则是什么？

项目二

城市轨道交通客运服务礼仪与职业道德

项目二 城市轨道交通客运服务礼仪与职业道德

【情境导入】

城市轨道交通作为一种被越来越多市民选择的出行工具,其涵盖的客运服务工作也十分复杂且具体,对于广大乘客来说,车站客运服务工作是直接体现城市轨道交通运营管理水平的重要标志之一,也是反映城市文明程度的一个窗口。作为窗口服务行业,客运服务人员在遵守行为礼仪规范的前提下,应深入理解礼仪的内涵,加强礼仪修养,实现礼仪修养与礼仪实践的有机结合。

城市轨道交通服务礼仪是企业员工在工作岗位上通过言谈、举止等对乘客表示尊重的行为规范,它是城市轨道交通优质服务的重要组成部分,不仅有利于员工提高个人的内在修养,而且有助于提升城市轨道交通的企业形象。

任务一 仪容礼仪认知

【任务描述】

现代社会是一个注重仪容的文明社会,人们可以从一个人的穿着打扮,看出他的审美水平、文化修养以及综合素质。一个人外表整洁卫生、着装得体,会给人以舒服的感觉,并且着装代表一个人的精神面貌,折射出一个人的风采,是留给别人的第一印象。

本任务是根据对客运服务人员仪容的基本要求,培养客运服务人员良好的精神风貌,给乘客留下更好的第一印象。

【学习目标】

目标	目标内容
知识目标	了解客运服务人员仪容礼仪
	掌握化妆的基本步骤和技巧
技能目标	能够独立完成职业妆
素养目标	树立真诚待人的服务意识

【知识准备】

仪容即容貌,包括面容、发型、手部等,是个人仪表的基本要素。真正意义上的仪容美,应当是自然美、修饰美和内在美的高度统一。

一、面容

在面容方面,城市轨道交通客运服务人员应注重干净、整洁、自然、美观。面容的基本要求见表 2-1-1。

表 2-1-1 面容的基本要求

部位		修饰要求
面容	眼睛	眼角无分泌物,无睡意,不斜视,不充血;不戴墨镜或有色眼镜(包括有色的隐形眼镜);不化烟熏妆和浓色眼影
	耳朵	耳朵内外干净,外部无耳屎;男性不佩戴耳钉,女性可佩戴一副耳钉(无坠、直径不超过5毫米)
	鼻子	鼻孔干净,不流鼻涕,鼻毛不外露;不当众擤鼻涕、挖鼻孔
	胡须	不留胡须
	嘴	口中无异味,嘴角无唾沫;与乘客交流时不嚼口香糖;上班期间不吃刺激性食物,如葱、蒜、韭菜等;女性不使用深色或浓重口红
	牙齿	牙齿整齐洁白,无食物残渣
	妆容	淡妆为宜,不使用夸张色系或气味浓烈的彩妆产品

二、面容修饰

面容修饰应遵循自然淡雅、扬长避短、整体协调的基本原则,体现一线服务人员端庄得体的气质形象,为乘客留下良好的第一印象。

1. 自然淡雅的原则

一线服务人员应化淡妆,给人以大方、清新的感觉。底妆不应过于厚重,不要有过于明显的化妆痕迹,在选择彩妆产品时,应避免过于夸张的色系或过于浓重的化法,如烟熏妆等。

2. 扬长避短的原则

化妆时应结合自身特点,通过化妆技巧恰当对自己面部不太满意的部位进行弥补,从而达到和谐、美观的视觉效果。

3. 整体协调的原则

一线服务人员在化妆时,应考虑自己的工作性质、五官特点、年龄及性格等因素,妆面效果应符合工作人员的身份,不能过于奔放或轻佻,同时应注意与自身穿着服饰、所处场合等相协调。

面容修饰的目的是更好地展现工作人员的形象,在化妆过程中,应注意以下几个方面,避免由于修饰不当而影响乘客对工作人员的第一印象:

(1)**特立独行的妆容** 服务人员在因工作需要化职业妆时,应结合工作场合及工作角色,不能一味追求独特、创新、夸张的妆容,使化妆效果与身份不符。

(2)**及时补妆** 化妆后,应根据实际情况,及时进行补妆及定妆。避免由于用餐、出油、出汗等原因导致妆容斑驳的情况,影响乘客观感。

(3)**注意化妆的私密性** 化妆过程属于个人仪容的修饰环节,应注意保证化妆过程的私密性。工作人员不应在公众场合进行化妆或补妆程序。

（4）**讲究化妆品卫生** 选择化妆品时，应选择正规产品。个人化妆用品应经常清洗，不借用、混用他人化妆用具。

三、面部表情

面部表情是指通过眼部肌肉、颜面肌肉和口部肌肉的变化来表现各种情绪状态，作为非言语行为不可或缺的组成部分，在人际交往过程中起重要作用。

1. 目光

眼睛是人体传递信息最有效的器官，它能表达出人们最细微、精妙的内心情感。服务人员想要保持良好的服务形象，目光应是坦然、亲切、和蔼、有神的。特别在与人交谈过程中，目光应注视对方，不应躲闪或游移不定。在人际交往过程中，诸如呆滞的、漠然的、轻蔑的、冰冷的、惊慌的、敌视的、左顾右盼的目光都应避免，更不要对人做出上下打量、挤眉弄眼的表情。

2. 微笑

微笑是人际交往过程中最富吸引力、最令人愉悦，也最有价值的面部表情。它可以与语言和动作相互配合起互补作用，不但体现出友善、谦恭、和谐之感，也反映出人的自信与涵养。微笑是一线服务人员的基本素质，是向乘客表达友好、尊敬的有效方式，如图2-1-1所示。需注意的是，微笑一定要发自内心、亲切自然。只有发自内心的微笑才富有魅力，让人愉悦欢心，不要为了讨好而故作笑颜、满脸堆笑等。

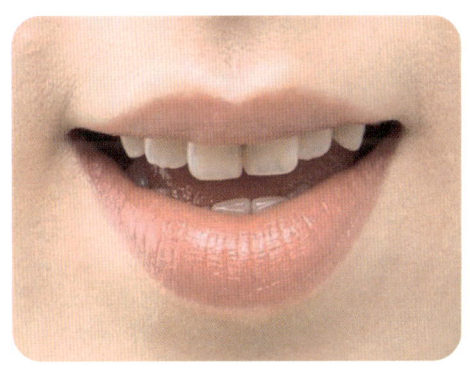
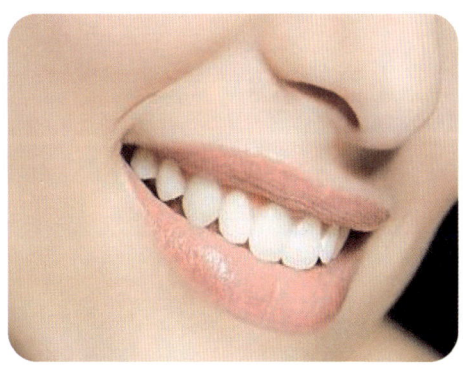

图 2-1-1 温暖的微笑

四、发型修饰

作为城市轨道交通车站服务人员，在发型和发色的选择上，要考虑对象、环境及个人特点。发型修饰的基本原则是干净整洁、利落大方，同时遵守本行业、本公司的具体要求。

1. 发部整洁

服务人员的头发应给人干净卫生、清爽整齐的印象。头发干枯、油腻、有异味会给人造成邋里邋遢、精神不振的感觉。因此，服务人员应注重发部清洁，定时梳理、清洗，保持卫生清洁。

2. 发型选择

发型的选择应与脸型、年龄、职业、气质、性格相符。服务人员的发型选择要以庄重、大方、得体为原则，见表 2-1-2。

表 2-1-2 发型选择的基本要求

发型选择		
	男士	长度适中，前发不过双眉，侧发不掩耳，后发不及衣领，不留大鬓角，不剃光头，不过分追求时尚，不标新立异
	女士	长发束起盘于脑后或置于发网内，高度不低于后衣领，保持两鬓光洁，无耳发；短发不过肩，不得有蓬乱的感觉；刘海不过双眉，不漂染彩色

五、手部修饰

1）服务人员应保持手部清洁，保持手部皮肤润滑，如图 2-1-2 所示。

2）指甲的长度要合适、整齐，勤于修剪，并保持指甲缝清洁；不能使用假指甲或工艺甲，不能涂有色指甲油。

3）手部不能佩戴过多配饰，男、女士最多可佩戴一枚简单造型的戒指。

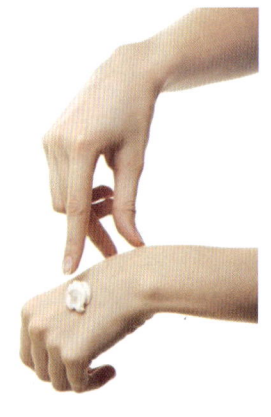
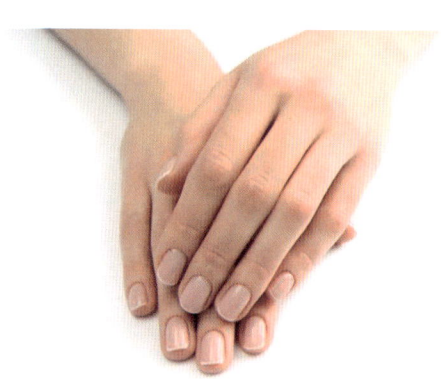

图 2-1-2 手部整洁

> 💡 **知识拓展**
>
> ### 化淡妆的正确步骤
>
> **1. 洁面**
>
> 在开始化妆前首先要做的就是洁面工作。取适量的温水，将双手充分浸泡后，轻轻拍打几下脸部，以帮助促进血液的循环，之后根据自身脸型的大小取少量洗面奶在掌心处，相互揉搓产生泡沫后在脸部轻轻摩擦片刻，最后用水进行冲洗，可以起到打开毛孔和清除污垢的作用。

2. 润肤

在洗完脸部后，取适量适合自身肤质的爽肤水在掌心处，之后按照从下到上的方法来进行涂抹，一是可以为肌肤提供充足的水分，使其变得水润感十足；二是有助于收缩毛孔，起到保护作用；三是能够为之后的上妆工作打下一定的基础。

3. 打底

打底是化淡妆中较为重要的一个步骤，若底妆没有打好，则很容易出现瑕疵没有遮盖住，浮粉、卡粉等情况。建议大家一定要选择适合自身肤质的粉底液，如象牙白等，之后再按照点按的方法来涂抹在脸部，不仅可以帮助提亮肤色，还能够增加清透感与自然感。

4. 定妆

在将粉底液涂抹好后，如果有瑕疵可以用遮瑕液来再次遮盖，之后用散粉或者粉饼来均匀地拍在脸部。一是能够帮助全面调节肤色，使妆容看上去更加柔和和持久，二是可以起到吸除面部油脂、避免油光满面的作用。

5. 画眉

在很多时候，合适的眉形是会对整体的气质产生较大影响的。要根据自身的脸型特点来进行选择，如柳叶眉、一字眉、弦月眉等，之后用眉笔按照从内到外的方法画出即可，要注意尽量保持眉头淡、眉峰高、眉尾明朗。

6. 睫毛

较为细长的睫毛可以使眼睛看起来更加有神与立体，具体比较简单。首先用睫毛夹将睫毛的根部夹住，坚持三秒钟后放开，使其变得卷翘起来，之后将睫毛刷拿起，耐心地将底部、内眼角和外眼角的睫毛轻轻刷开，以帮助增强效果。

【任务实施】

化妆技巧训练

一、任务描述

分成若干小组，练习化妆技巧。

二、任务要求

1）学生分为若干小组，每组3~5名同学（男、女生均需包含）。
2）教师指定每组化妆背景，小组成员根据场景进行妆容选择及搭配。
3）各小组内男生需注意对发型、胡须、手指等部位进行检查。
4）对化妆流程进行视频录制。

【任务评价】

任务评价表见下表。

女士化妆任务评价表

评价项目	子项目	评价标准	得分	备注
发部（35分）	发型发式（20分）	刘海长度不过眉毛，修剪整齐（10分）；发长过肩的同学应盘发（10分）		
	整体效果（15分）	盘发整洁得体，无过多碎发（8分）；头发不油腻（3分）；发色不明显夸张，无夸张发饰（4分）		
面部（35分）	女生：妆容完整（20分）	女生：妆容符合老师给定场景（5分）；底妆均匀无瑕（5分）；眼线、眼影颜色得体，眉型搭配合理（5分）；化妆步骤正确，化妆时间不超过10分钟（5分）		
	整体效果（15分）	面部干净整洁（5分），妆效搭配合理，符合年龄及气质（10分）		
手部（30分）	手指（15分）	手指无干裂（5分），手部无文身（10分）		
	指甲（15分）	指甲的长度合适（5分），指甲缝清洁（5分），未使用假指甲、工艺甲或涂有色指甲油（5分）		

男士仪容任务评价表

评价项目	子项目	评价标准	得分	备注
发部（35分）	发型发式（20分）	刘海长度不过眉毛，修剪整齐（10分）；头发长度适当，无鬓角（10分）		
	整体效果（15分）	发型恰当，无夸张烫染（8分）；头发不油腻（3分）；发色不明显夸张（4分）		
面部（35分）	男生：面部整洁（20分）	男生：面容不油腻（10分）；面部无胡须、胡茬（10分）		
	整体效果（15分）	面部干净整洁（15分）		
手部（30分）	手指（15分）	手指无干裂（5分），手部无文身（10分）		
	指甲（15分）	指甲的长度合适（5分），指甲缝清洁（5分），未使用假指甲、工艺甲或涂有色指甲油（5分）		

【学习小结】

本任务主要介绍车站工作人员在仪容方面的基本原则与具体要求等内容,通过对相关内容的学习与了解,学生对岗位形象要求有了基本认知,培养学生基本的职业素养。

【知识巩固】

一、填空题

1. 耳朵内外干净,外部无耳屎;男性不佩戴耳钉,女性可佩戴一副耳钉,无坠、直径不超过_____。

2. 工作人员面容修饰的基本原则是_____、_____、_____。

二、判断题

1. 员工可根据个人特点,选择适合的发型及发色,如厚重的刘海、长鬓角等。（　　）

2. 服务人员在因工作需要化职业妆时,应结合工作场合及工作角色,不能一味追求独特、创新、夸张的妆容,使化妆效果与身份不符。（　　）

任务二　仪表礼仪认知

【任务描述】

常言道"人靠衣裳马靠鞍",良好的第一印象往往需要注重仪表的各个细节,良好的仪表体现着一个人的社会身份、文化素养、审美品味等。服饰的选择需要与穿戴者的身份、气质、年龄、职业及穿戴场合相协调,才能达到良好的穿着效果。

本任务对客运服务人员着装的基本原则进行介绍,培养客运服务人员良好的精神风貌,给乘客留下更好的第一印象。

【学习目标】

目标	目标内容
知识目标	了解着装的基本原则
	掌握客运服务人员仪表礼仪
技能目标	能够独立完成服饰搭配
素养目标	树立真诚待人的服务意识

【知识准备】

一、职场着装的基本原则

1. TPO 原则

着装的 TPO 原则是世界通行的着装打扮的最基本的原则,是目前国际上公认的衣着标准。TPO 原则,即着装要考虑到时间(Time)、地点(Place)、场合(Occasion)。其中的 T、P、O 三个字母,分别是英文时间、地点、场合这三个单词的缩写。TPO 原则要求人们在选择服装、考虑其具体款式时,首先应当兼顾时间、地点、场合,并应力求使自己的着装及其具体款式与着装的时间、地点、场合协调一致,较为和谐般配。

(1)时间 从时间上讲,一年有春、夏、秋、冬四季的交替,一天有 24 小时变化,在不同的时间里,着装的类别、式样、造型也应随之而进行调整。

(2)地点 从地点上讲,人员所处的地点不同,着装的款式应有所差异,切不可"以不变而应万变"。例如,穿西装出席会议显得隆重而正式,但穿西装出现在浴场、沙滩,则会显得有些格格不入。

(3)场合 从场合上讲,人们的服装选择应当与所出席场合的气氛相吻合。如出席正式宴会时,应穿着正式的礼服或西装套装;而出席运动会、郊游等场合,着装则应以轻便舒适为主。

2. 职场着装注意事项

根据着装的 TPO 原则,着装时应注意以下几点:

1)着装应与自身条件相适应。选择服装首先应该与自己的年龄、身份、体形、肤色、性格和谐统一。

① 年长者应选择面料柔软、质地良好、款式简单的服装,而不宜选择过于花哨的服装。

② 年轻者应选择体现青春气息的服装,可撞色、可素雅、可混搭,也可成熟等,但是一定要以自己能驾驭的风格为标准,否则会适得其反。

③ 按照自己的形体特征来选择合适的服装,如身材矮胖者,不要穿横格的衣服,宜穿深色低 "V" 字形领、大 "U" 形领的服装;身材苗条、长脸细颈者宜穿浅色、高领或圆形领的服装;方脸形者则宜穿圆领或双翻领的服装。身材匀称、形体条件好、肤色也好者,着装范围则较宽。

2)着装要满足担当不同社会角色的需要。社会生活是多方面、多层次的,在不同的场合担当不同的社会角色,其对服装的要求也不相同。

① 工作时间着装应遵循整洁、美观、和谐、稳重等原则,给人以愉悦感和信任感。

② 社交场合服装应庄重严肃,不宜太过浮华。

③ 节假日休闲时间着装应随意、休闲些,太正式的服装则不适宜。

④ 与外宾、少数民族相处,需要格外尊重他们的习俗禁忌。

3）着装还要注意色彩的搭配。服装的色彩是人们直观的第一印象,对整个服装的得体度有极大的影响。恰到好处地运用好服装的色彩,可以为人的体形扬长避短。

① 对于下半身臃肿的体形,宜选用深色轻软的面料做成裙或裤,从而削弱下肢的粗壮。

② 对于高大丰满的体形,在选择搭配外套时,也适合用深色。

二、女士着装礼仪

女士在职场中的穿着体现着女士自身对自己仪表礼仪的要求程度,正确的穿着能够展示大方得体的职业形象,如图 2-2-1 所示。规范穿着职业服装的要求是整齐、清洁、挺括、大方。

1. 女士职业装着装规范

（1）**上衣** 上衣应平整、挺括,使用较少饰物或花边进行点缀,纽扣应全部扣好。

（2）**裙子** 以窄裙为主,年轻女性的裙子下摆可在膝盖以上 3~6 厘米,但不可太短;中老年女性的裙子应在膝盖以下 3 厘米左右。裙子里应穿着衬裙,真皮或仿皮的裙装不适宜在正式场合穿着。

（3）**鞋袜** 鞋子应选择高跟鞋或中跟鞋,如图 2-2-2 所示。袜子应搭配高筒袜或连裤袜。鞋子款式应以简单为主,颜色应与西装套裙相配。着装不能过于暴露和透明,尺寸也不要过于短小和紧身,避免给他人造成不稳重的感觉。

图 2-2-1　女士职业服装

2. 女士职业装注意事项

（1）**色彩技巧** 不同色彩会给人不同感受,如深色系或冷色调的服装显得庄重严肃,而浅色或暖色调的服装使人感觉到轻松活泼,因此,可以根据需要进行选择和搭配。

图 2-2-2　女士皮鞋

（2）**配套齐全** 除主体衣服外,鞋袜等的搭配也要多加考究。如袜子以肤色或与服装颜色协调为好,带有花纹、渔网袜等则不适于搭配套装。正式、庄重的场合不宜穿凉鞋或靴子,黑色皮鞋是适配性最高的。

（3）**饰物点缀** 巧妙地佩戴饰物能够起到画龙点睛的作用，但是佩戴的饰品不宜过多，佩戴饰品时，应尽量选择统一色系。

三、男士着装礼仪

在重要会议和会谈、庄重的仪式以及正式宴请等场合，男士一般穿着西装。一套完整的西装包括西服、西裤、衬衫、领带、腰带、袜子和皮鞋，如图 2-2-3 所示。

1. 西装的着装规范

（1）**西服** 衣长刚好到臀部下缘或差不多到手自然下垂后的大拇指尖端的位置，肩宽以探出肩角 2 厘米左右为宜，袖长到手掌虎口处。胸围以系上纽扣后，衣服与腹部之间可以容下一个拳头大小为宜。

（2）**西裤** 裤线清晰笔直，裤脚前面盖住鞋面中央，后至鞋跟中央。

（3）**衬衫** 长袖衬衫是搭配西装的唯一选择，颜色以白色或淡蓝色为宜。衬衫领子要挺括；衬衫下摆要塞在裤腰内，系好领扣和袖口；衬衫领口和袖口要长于西服上装领口和袖口 1~2 厘米；衬衫里面的内衣领口和袖口不能外露。如果西服本身是有条纹的，应搭配纯色的

图 2-2-3 男士西装

衬衫，如果西服是纯色，则衬衫可以带有简单的条纹或图案。

（4）**领带** 领带图案以几何图案或纯色为宜。系领带时领结要饱满，与衬衫领口吻合要紧；领带长度以系好后大箭头垂到皮带扣处为准。

（5）**腰带** 腰带材质以牛皮为宜，皮带扣应大小适中，样式和图案不宜太夸张。

（6）**袜子** 袜子应选择深色的，切忌黑皮鞋配白袜子。袜口应适当高些，应以坐下跷起腿后不露出皮肤为准。

（7）**皮鞋** 皮鞋应搭配造型简单规整、鞋面光滑亮泽的式样，如图 2-2-4 所示。如果是深蓝色或黑色的西装，可以配黑色皮鞋，如果是咖啡色系西装，可以配棕色皮鞋。压花、拼色、蛇皮、鳄鱼皮和异形皮鞋，不适于搭配正式西装。

图 2-2-4 男士皮鞋

2. 西装的着装禁忌（图 2-2-5）

1）西裤短（标准长度为裤管盖住皮鞋）。

2）衬衫放在西服外。

3）衬衫领太大，领脖间存空间。

4）领带颜色刺目。

5）领带短（领带尖盖住皮带扣）。

6）不扣衬衫扣就佩戴领带。

7）西服袖过长（比衬衫袖短 1 厘米）。

8）西服上衣裤袋鼓鼓囊囊。

9）西服配运动鞋。

10）皮鞋、鞋带颜色不协调。

图 2-2-5　西装着装禁忌

四、制服的穿着要求与规范

城市轨道交通车站服务人员在工作过程中，需统一穿着工装制服，在穿着和搭配过程中，除遵守运营单位的具体要求外，还需注意以下四个方面：

1）忌脏。穿着制服，必须使之保持干净清爽的状态，除制服外，与之同时穿着的内衣和衬衫等也应定期进行换洗。

2）忌皱。穿着制服，要求其整整齐齐，外观完好。洗涤之后的制服，要熨烫平整，不要乱倚、乱靠、乱坐等。

3）忌破。在工作中，制服经常会在一定程度上出现破损，发生自然的"老化"，如开线、磨毛、磨破、纽扣丢失等。发现制服破损之后，应采取必要的补救措施。

4）忌乱。在穿制服工作的场合，需要每一位员工严格按照公司规定进行穿着，不能随意搭配、组合。

 知识拓展

常用的领带系法

在男士西装搭配配饰中，领带是非常重要的一部分，它充分展现了服装饰品的丰富内涵——沉稳、温雅、体面，为男士独特而深沉的内心世界做了最好的形象注解。下面介绍领带的常用打法。

1. 平结

平结为男士选用的最多的领结打法之一，也可以说是最经典的领带打法，如图2-2-6所示。风格简约，非常方便，领结呈斜三角形，适合窄领衬衫。

图 2-2-6　平结打法

第一步，右手握住宽的一端（下面称大端），左手握住窄的一端（下面称小端）。大端在前，小端在后，交叉叠放。

第二步，将大端绕到小端之后。

第三步，继续将大端在正面从右手边翻到左手边，形成环。

第四步，把大端翻到领带结之下，并从领口位置翻出。

第五步，再将大端插入先前形成的环中，系紧。

第六步，完成。

要诀：领结下方所形成的凹洞需让两边均匀且对称。

2. 温莎结

温莎结一般用于商务和政治等特定场合，属于典型的英式风格。温莎结适用于宽领型的衬衫，该领结应多往横向发展，如图2-2-7所示。应避免材质过厚的领带，领结也勿打得过大。

图 2-2-7　温莎结打法

第一步，宽的一端（下面称大端）在左，窄的一端（下面称小端）在右。大端在前，小端在后，呈交叉状。

第二步，大端由内侧向上翻折，从领口三角区域抽出。

第三步，继续将大端翻向左边，即大端绕小端旋转一圈。

第四步，大端由内侧向右边翻折。

第五步，右边同左边一样，绕小端旋转一圈。

第六步，整理好骨架，拉紧。

第七步，从正面向左翻折，形成环。

第八步，最后将大端从中区域内侧翻折出来。

第九步，系紧领带结，完成。

3. 半温莎结

半温莎结是一种比较浪漫的领带打法，近似正三角形的领型比四手结打出的斜三角形更庄重，适用于任何场合，在众多衬衫领型中，与标准领是最完美的搭配，如图2-2-8所示。

图2-2-8　半温莎结打法

第一步，宽的一端（下面称大端）在左，窄的一端（下面称小端）在右。大端在前，小端在后，呈交叉状。

第二步，将大端向内翻折。

第三步，大端从右边翻折出来之后，向上翻折。

第四步，大端旋绕小端一圈。

第五步，拉紧。

第六步，将大端向左翻折，形成环。

第七步，由内侧向领口三角形区域翻折。

第八步，打结，系紧。

4. 交叉结

交叉结的结型非常漂亮，适合现在在年轻人中比较流行窄款素色领带。领结形状呈一个细长的锐角三角形，显出一种干练精致的感觉，如图2-2-9所示。

第一步，领带宽的一端（下面称大端）在前，窄的一端（下面称小端）在后放好。

第二步，将大端绕到小端的后面。

第三步，将大端往上翻折。

第四步，到领口处往左翻折。

图 2-2-9　交叉结打法

第五步，将大端翻到右边。
第六步，将大端翻到左边。
第七步，将大端再翻到右边。
第八步，将大端翻出领口处。
第九步，打结，完成。

【任务实施】

正装穿着训练

一、任务描述

通过正装穿着训练，掌握正装穿着规范。

二、任务要求

1）学生分为若干小组，每组 3~5 名同学（男、女生分别分组）。
2）根据不同场合进行服装搭配并展示。

【任务评价】

任务评价表见下表。

男士西装穿着任务评价表

评价项目	评价标准	得分	备注
衬衫（25分）	衬衫适合正式场合（5分），衬衫合身（5分），整洁、挺拔（5分），穿法正确（5分），衣领、袖口符合规范（5分）		
领带（15分）	领带结符合正式场合（5分），领带长度合适（5分），领带佩戴正确（5分）		

（续）

评价项目	评价标准	得分	备注
西服（10分）	西服扣子扣法正确（5分），西装熨烫平整（5分）		
西裤（10分）	西裤合身、长度合适（5分），熨烫平整（5分）		
皮鞋与皮带（20分）	皮鞋与皮带样式满足正装要求（10分），皮鞋擦拭干净（5分），鞋袜颜色搭配合适（5分）		
整体协调（20分）	满足TPO原则（10分），配饰符合服务人员身份（5分），发型满足对服务人员的要求（5分）		

女士正装穿着任务评价表

评价项目	评价标准	得分	备注
正装基础规范（20分）	外观整洁，无异味（10分）；熨烫平整，无破损（10分）		
制服穿着规范（80分）	配饰佩戴规范（20分）；衬衫整洁、挺拔，穿法正确（20分）；衣领、袖口着装规范（10分）；上衣、裤装搭配（20分）；鞋袜搭配（10分）		

【学习小结】

本任务主要介绍车站工作人员在职场正式场合着装的基本规范及注意事项，并对工作人员穿着制服的基本要求进行了重点叙述，通过对相关内容的学习与了解，学生对岗位形象要求有进一步的认知和了解，为规范服务人员工作形象奠定了基础。

【知识巩固】

一、填空题

1. 常用的领带系法包括_____、_____、_____和_____。
2. 着装TPO原则分别代表_____、_____、_____。

二、判断题

1. 穿着制服时，应保证制服整洁平整，如有破损及时进行修补，避免影响工作人员整体形象。（   ）
2. 女士着职业装时，应注意鞋袜的选择与套装相搭配，网袜、花纹等不适宜进行职业装搭配。（   ）

任务三 仪态礼仪认知

【任务描述】

仪态也叫作仪姿、姿态，泛指人们身体所呈现出的各种姿态，包括举止动作、神态表情和相对静止的体态。人们的面部表情，体态变化，举手投足都可以表达思想感情。仪态是表现个人涵养的一面镜子，也是构成一个人外在美好的主要因素。不同的仪态显示人们不同的精神状态和文化教养，传递不同的信息，因此仪态又被称为体态语。

本任务对客运服务人员站、坐、行、蹲的基本原则进行介绍，培养客运服务人员良好的精神风貌，给乘客留下更好的第一印象。

【学习目标】

目标	目标内容
知识目标	了解客运服务人员站、坐、行、蹲的基本原则
	掌握客运服务人员仪态礼仪
技能目标	能够根据服务场景选择恰当的服务仪态
素养目标	树立真诚待人的服务意识

【知识准备】

仪态是指人在行为中表现出来的姿势，主要包括站姿、坐姿和步态等。"站如松，坐如钟，走如风，卧如弓"，是中国传统礼仪的要求，在当今社会中已被赋予了更丰富的含义。作为车站客运服务人员，在为乘客提供服务的过程中，优雅、得体的站、坐、行、蹲仪态都可以起到事半功倍的效果。

一、站姿

站姿指一个人站立的姿势，它是人们平时所采用的一种静态的身体造型，同时又是其他动态的身体造型的基础，最易表现人的姿势特征。在交际中，站立姿势是每个人全部仪态的核心，优美的站姿是展现人体动态美的起点，是培养仪态美的基础。

1. 站姿的基本要求

标准的站姿，从正面观看，全身笔直，精神饱满，两眼正视，两肩平齐，两臂自然下垂，身体重心落于两腿正中；从侧面看，两眼平视，下颌微收，挺胸收腹，腰背挺直，手中指贴裤缝，整个身体庄重挺拔。

2. 男士标准站姿

常见的男士标准站姿大致分为三种，分别是肃立式站姿、体前交叉式站姿及体后交叉式站姿。

（1）肃立式站姿　肃立式站姿要求双脚微分，两手垂放在身体两侧，中指贴于裤缝，两眼平视，下颌微收，挺胸收腹，如图2-3-1所示。这种站姿适用于立姿站岗、出晨会等庄重严肃的场合。使用该站姿时，切忌东倒西歪，无精打采，懒散地依靠在墙上或桌椅旁。注意不要低头、歪脖子、含胸、驼背等。不然会有损客运服务人员的形象，给乘客留下非常差的印象。

（2）体前交叉式站姿　体前交叉式站姿要求双脚略窄于肩宽，右手拇指与四指分开握住左手手腕，置于腹前，这种站姿适用与乘客或同事交谈时使用，如图2-3-2所示。需要注意的是，双脚左右开立时，两脚之间的距离不可以过大，不要挺腹，不得双腿交叉。

（3）体后交叉式站姿　体后交叉式站姿要求双脚略窄于肩宽，右手握住左手手腕，置于体后腰节线处，这种站姿适合在迎接乘客时使用，如图2-3-3所示。同样需要注意的是，双脚左右开立时，两脚之间的距离不宜过大，不要顶髋，向上仰头。

图2-3-1　肃立式站姿

图2-3-2　体前交叉式站姿

图2-3-3　体后交叉式站姿

3. 女士标准站姿

常见的女士标准站姿大致分为三种，分别是肃立式站姿、体前交叉式站姿及体前曲臂式站姿。

（1）肃立式站姿　肃立式站姿要求两肩平齐，双臂自然下垂，两脚并拢，身体重心落于两腿中间，两眼平视，下颌微收，挺胸收腹，如图2-3-4所示。像车站服务台等需要长时间站立的岗位工作人员可以采用这种站姿，不仅看起来稳重大方、俊美挺拔，还可以帮助呼吸，改善血液循环，并在一定程度上缓解身体的疲劳。

（2）体前交叉式站姿　体前交叉式站姿要求右手握左手四指置于小腹前，四指并拢，拇指内收，左手四指不外露，同样身体重心落于双腿中间，可采用V字步或丁字步，双眼平视，下颌微收，挺胸收腹，如图 2-3-5 所示。工作人员在迎送乘客的时候就可以采用这种站姿，辅以适当的问候语和欠身致意，表示对乘客的热情和尊重。

（3）体前曲臂式站姿　体前曲臂式站姿与体前交叉式站姿大致相同，只是手位上有区别。要求右手握左手四指置于中腹前，四指并拢，拇指内收，左手四指不外露，双手呈拱状，如图 2-3-6 所示。

图 2-3-4　肃立式站姿

图 2-3-5　体前交叉式站姿

图 2-3-6　体前曲臂式站姿

4. 站姿禁忌

1）头部歪斜，左顾右盼。

2）高低肩、含胸或过于挺胸。

3）双手插兜或叉腰，双手抱于胸前。

4）腿部叉开过大、抖腿。

5）倚靠他物。

二、坐姿

坐姿是一种可以维持较长时间的工作劳动姿势，也是人们在社交和工作中的主要身体姿势。正确标准的礼仪坐姿要求端庄优美，能传递自信、友好、热情的信息，给人以自然大方的美感，显示出高雅稳重的良好风范。

1. 坐姿的基本要求

正确的坐姿要求是头部定位准确，眼睛要求平视前方，上半身挺直，要求颈部、胸部以及腰部都要保持平直。

2. 男士标准坐姿

常见的男士标准坐姿大致分为五种，分别是标准式坐姿、前伸式坐姿、交叉式坐姿、曲直式坐姿、重叠式坐姿，如图 2-3-7 所示。

（1）**标准式坐姿** 标准式坐姿要求上身挺直，双肩正平，小腿垂直于地面，两脚和两膝自然分开，与肩同宽，大腿和小腿成90°，双手以自然手形分放在两膝后侧。

（2）**前伸式坐姿** 在标准式坐姿的基础上，右脚向前伸一脚掌的距离，全脚掌着地，脚尖不能翘起。

（3）**交叉式坐姿** 男士双脚脚踝部位交叉，双膝自然分开一拳左右的距离。可以调整双脚的位置形成前交叉、后交叉及侧交叉式坐姿，无论双脚位置在哪儿，脚尖都不能翘起，需前脚掌或全脚着地。

（4）**曲直式坐姿** 曲直式坐姿也叫作前伸后屈式坐姿，要求左脚前伸一脚掌距离，全脚掌着地，右小腿屈回，前脚掌或全脚掌着地，两脚一前一后，自然分开，双手分放于大腿中部。

（5）**重叠式坐姿** 重叠式坐姿要求一条腿垂直于地面，另一条腿在上重叠，小腿向内收，脚尖斜向下，双手自然放在扶手上，双腿尽量重叠，不要留过大的缝隙。

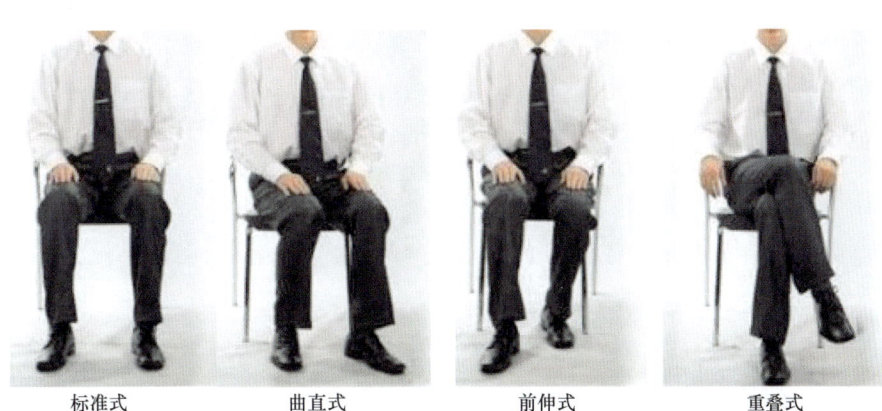

标准式　　　　曲直式　　　　前伸式　　　　重叠式

图 2-3-7　男士常见坐姿

3. 女士标准坐姿

常见的女士标准坐姿大致分为七种，分别是标准式坐姿、后点式坐姿、交叉式坐姿、曲直式坐姿、重叠式坐姿、侧点式坐姿、侧挂式坐姿，如图 2-3-8 所示。

（1）**标准式坐姿** 标准式坐姿要求上身挺直，两脚两膝并拢，两手自然叠放在双腿上，置于大腿 1/2 处；上身和大腿、大腿和小腿都应成直角，小腿垂直于地面。

（2）**后点式坐姿** 在标准式坐姿的基础上，双脚后挪，前脚掌或脚尖点地，双膝、双脚包括两脚的脚跟都要完全并拢。

（3）**交叉式坐姿** 女士双脚脚踝部位交叉，双膝并拢。可以调整双脚的位置形成前交叉、后交叉及侧交叉式坐姿，无论双脚位置在哪儿，脚尖都不能翘起，需前脚掌着地或脚尖点地。

（4）**曲直式坐姿** 曲直式坐姿也叫作前伸后屈式坐姿，要求上身挺直，大腿靠紧后，一脚在前，另一脚在后，前脚全脚掌着地，后脚前脚掌或脚尖点地，双脚前后要保持在一条直线上。

（5）**重叠式坐姿** 重叠式坐姿要求先将双腿一上一下交叠在一起，交叠后双腿之间不能留有缝隙，小腿贴紧，叠放在上方的脚尖应垂向地面，犹如一条直线。

（6）**侧点式坐姿**　侧点式坐姿要求双膝并拢，双脚向左或向右斜放，内侧的脚稍稍内收，斜放后的腿部与地面成45°。这种坐姿适用于穿短裙的女士在较低处就座。

（7）**侧挂式坐姿**　在侧点式坐姿的基础上，将内侧腿与外侧腿叠放，交叠后双腿之间不能留有缝隙，小腿贴紧，叠放在上方的脚部应与小腿成一条直线，脚尖指向斜下方。这种坐姿适合于穿短裙的女士，非常优美大方。

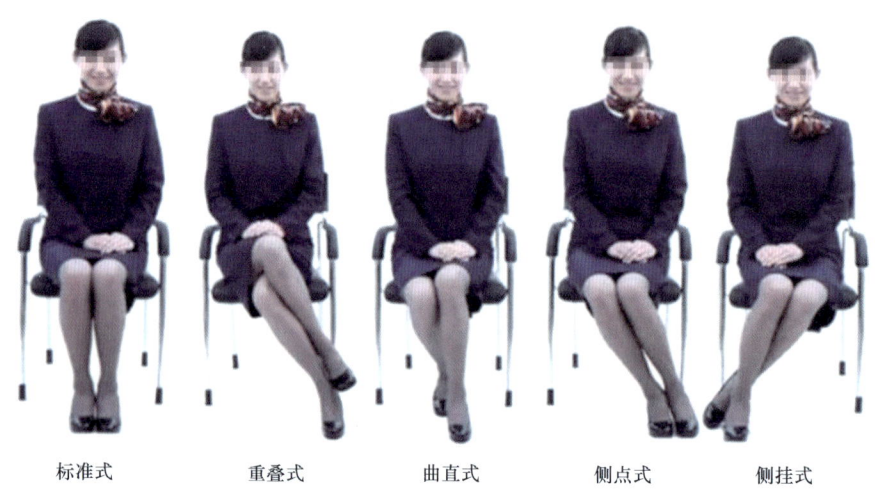

标准式　　　重叠式　　　曲直式　　　侧点式　　　侧挂式

图 2-3-8　女士常见坐姿

4. 坐姿禁忌

1）含胸或过于挺胸。

2）双腿过于叉开或伸出太长。

3）趴在桌面上或用手托腮。

4）跷二郎腿或抖腿。

5）蹬踏他物、脚尖指向他人。

6）侧肩、耸肩，上身不正。

三、行姿

行姿是站姿的延续动作，是在站姿的基础上展现人的动态美。协调稳健、轻松敏捷的步态都会给人以美感，正确标准的行姿更能表达客运服务人员积极向上、朝气蓬勃的精神状态。

1. 行姿的基本要求

1）标准的行姿首先要以端正的站姿为基础。

2）走路时上身挺直，头部保持端正，下颌微收，双肩保持齐平，挺胸、收腹、立腰。

3）双目平视前方，表情自然，精神饱满。以肩关节为轴，双臂前后自然摆动。

4）行走时注意步位。脚尖略开，起步时，身体微向前倾，不要将重心停留在后脚，同时，注意在前脚着地和后脚离地时要伸直膝部。

5）步幅适当。一般前脚的脚跟与后脚的脚尖应相距一脚长左右的距离，步伐稳健，步履自然，保持一定的速度。

2. 男女士行姿标准

男士和女士的行姿标准略有不同。

1）男士走路以步幅较大为佳。昂首闭口，两眼平视前方，挺胸收腹，上身不动，两肩不摇，两臂在身体两侧自然摆动，两腿有节奏地交替向前迈进，步态稳健有力，显示出男性雄健、英武、豪迈的阳刚之美。

2）女性走路以步幅较小为美。头部端正，不宜抬得过高，两眼直视前方，上身自然挺直收腹；两手前后摆动幅度要小，以含蓄为美，两腿并拢，小步前行，走成直线，步态要自如、匀称、轻盈，显示出女性庄重、文雅的阴柔之美。

3. 不同工作情况下的行姿标准

针对不同的工作情况，对工作人员的行姿有着不同的标准：

1）在与乘客迎面相遇时，工作人员应放慢脚步，面带微笑、目视乘客表示致意，并实时伴随礼貌的问候用语。以标准的右侧通行原则，让乘客先行。

2）在进出升降式电梯时，如果无人驾驶电梯，工作人员应让乘客后进先出；如果有人驾驶电梯，工作人员应让乘客先进先出。

3）在陪同引导乘客时，工作人员应走在乘客的左前方，保持两至三步的距离，并在上下楼梯、拐弯、进门时，要伸出左手示意，提示请乘客上楼、进门等。

4）在搀扶帮助他人时，工作人员应注意步速与对方保持一致。在行进过程中，工作人员可适当停顿，询问乘客的身体状况。

4. 行姿禁忌

工作人员在工作岗位上不应出现以下的行姿问题：

1）走路"内八字"或"外八字"。

2）蹬踏和拖蹭地面，跺脚走路。

3）步伐过快或过慢。

四、蹲姿

蹲姿是由站姿转换为两腿弯曲、身体高度下降的姿势，常用于工作人员捡拾物品。

1. 蹲姿的基本要求

下蹲拾物时，应自然、得体、大方，不遮遮掩掩。下蹲时，两腿合力支撑身体，避免滑倒。下蹲时，应使头、胸、膝关节在一个角度上，使蹲姿优美。

2. 男士标准蹲姿

常见的男士标准蹲姿大致分为三种，分别是半蹲式蹲姿、上下式蹲姿、半跪式蹲姿。

（1）半蹲式蹲姿（图 2-3-9） 半蹲式蹲姿一般是在行走时临时采用，根本特征是身体半立半蹲。主要要求是在下蹲时，上身稍许弯下，但不要和下肢构成直角和锐角；臀部务必向下，而不是撅起；双膝略微弯曲，角度一般为钝角；身体的重心应放在一条腿上；两腿之间不要分开过大。

（2）上下式蹲姿（图 2-3-10） 上下式蹲姿下蹲时左脚在前，全脚着地，小腿垂直于地面，右脚后撤半步，脚跟提起，前脚掌着地。形成左膝高右膝低的姿态，两腿分开与肩同宽的距离，臀部向下，以右腿支撑身体。

（3）半跪式蹲姿　半跪式蹲姿是两腿一蹲一跪，其要求是：下蹲之后，改为一腿单膝着地，臀部坐在脚跟上，而以其脚尖着地；另一条腿应当全脚着地，小腿垂直于地面，双腿与肩同宽，上身挺直。

图 2-3-9　半蹲式蹲姿

图 2-3-10　上下式蹲姿

3. 女士标准蹲姿

常见的女士标准蹲姿大致分为四种，分别是上下式蹲姿、交叉式蹲姿、半跪式蹲姿、半蹲式蹲姿。

（1）上下式蹲姿　上下式蹲姿特征是：下蹲时，左脚在前，右脚后撤半步，双手手背从腰间由上到下抚顺裙摆后自然叠放在左膝上。左脚全脚着地，小腿垂直于地面；右脚前脚掌着地，脚跟提起。右膝内侧靠于左小腿内侧，形成左膝高右膝低的姿态。上下式蹲姿是日常工作中帮助乘客捡拾物品时最常使用的既方便又优雅的蹲姿形态。

（2）交叉式蹲姿　交叉式蹲姿的要求是：将一只脚向斜后方撤半步（如右脚），脚尖点地，膝盖自然弯曲；另一只脚（左脚）保持原位，重心缓慢下移，臀部向下轻蹲；两脚前后靠近，合力支撑身体，这种蹲姿尤其适合穿职业套裙的工作人员，非常优雅大方，如图 2-3-11所示。

（3）半跪式蹲姿　半跪式蹲姿又叫作单跪式蹲姿，是一种非正式蹲姿，多用在下蹲时间较长，或为了用力方便时使用，双腿一蹲一跪，如图 2-3-12 所示。主要要求在下蹲后，改为右腿单膝点地，臀部坐在脚跟上，以脚尖着地。左腿全脚着地，双腿应尽力贴紧靠拢。

（4）半蹲式蹲姿　半蹲式蹲姿的根本特征是身体半立半蹲。主要要求在下蹲时，上身稍许弯下，但不要和下肢构成直角或锐角；臀部务必向下，不能撅起；双膝略微弯曲，角度一般为钝角；身体的重心应放在一条腿上，两腿之间尽量贴近，不要分开过大。

4. 蹲姿禁忌

1）行进中突然下蹲。

项目二　城市轨道交通客运服务礼仪与职业道德

图 2-3-11　交叉式蹲姿

图 2-3-12　半跪式蹲姿

2）正对他人、背对他人下蹲。

3）下蹲捡拾物品时，臀部撅起。

4）女士着裙装时下蹲时毫无遮掩。

知识拓展

站、坐、行、蹲姿仪态训练

仪态美是身体各部分在空间活动变化而呈现出的外部形态的美。如果说人的容貌美和形体美是人体静态美，那么仪态美则是人体的动态美。一个人即使有出众的容貌和身材，如果他举止不端、姿态不雅，就不可能有完善的仪表美。因此，在日常的工作和生活中，应有意识训练自身的仪态，展现良好的精神风貌。

1. 站姿练习

1）背靠背站立。两人一组，要求两人脚后跟、小腿、臀、双肩、脑后枕部相互紧贴。

2）五点靠墙。背墙站立，脚跟、小腿、臀部、双肩和头部靠着墙壁，来训练整个身体的控制能力。

3）双腿夹纸。站立者在两大腿间夹上一张纸，保持住纸不松并且不掉，来训练腿部的控制能力。

4）顶书训练。站立者按训练要领站好后，在头上顶一本书，努力保持书在头上的稳定性，以训练头部的控制能力，如图 2-3-13 所示。

2. 坐姿练习

1）保持正确的髋、膝关节位置。维持良好的坐立姿势首先是需要下半身保持正确的位置。

55

图 2-3-13　顶书训练

2）坐立时保持背部挺直。在坐立时，身体的重量从骨盆传递到了椅子上，骨盆底端有两块骨头被称作坐骨。为了维持理想的关节排列和重量的正确传递，在坐立时，需要坐在坐骨的正上方，不能靠前或靠后。可以尝试着轻轻地来回晃动几次，在正中间两个端点的位置暂停，那这个时候就是正确地坐在了坐骨上方。

3）保持腰椎曲度。为了保持良好的坐姿，在下背部和椅背之间如果放一只手，可以来回滑动。

4）保持平稳而有深度的呼吸。正确的呼吸方法有助于最大程度地发挥正确肌肉群的作用，维持坐姿的舒适与自然。

5）检查肩关节。保持良好的体态，肩关节应打开，与髋关节保持垂直对齐排列。

6）关注头部位置。理想情况下，耳朵应该和肩关节对齐。尝试将头部向后拉，避免头前伸、含胸低头等不良仪态出现。

3. 行姿练习

1）摆臂训练。在行走过程中，双臂自然下垂，手握成半空拳状态，掌心向内，以身体为中心前后摆动。摆臂幅度不要太大也不要太小，一般前摆约35°，后摆约15°。

2）步位步幅训练。行路时步态是否美观，关键取决于步幅和步位。行进时前后两脚之间的距离称为步幅，在通常情况下，男性的步幅是25厘米，女性的步幅约为20厘米。行走时脚落地的位置是步位。行路时最佳步位是两脚踩在同一条直线上，并不走两条平行线。要使步态保持优美，行进速度应该保持平稳、均匀，过快过慢都是不允许的。

3）画直线或沿着地面砖直线缝隙进行直线行走练习，也可进行顶书行走练习。

4. 蹲姿练习

1）加强脚踝、膝盖等关节的柔韧性，练习提腿、压腿、活动关节等动作。

2）蹲姿控制练习中要有意识地控制平衡，保持蹲姿，形成好习惯。

仪态礼仪训练

一、任务描述

按照仪态礼仪规范展示站姿、坐姿、行姿和蹲姿。

二、任务要求

1）学生分为若干小组，每组 3~5 名同学。

2）背靠墙练习。要求头、背、臀、脚后跟紧挨着墙，5~10 分钟一组。

3）顶书训练。标准站姿，在头顶上平放一本书，保持书的平衡，以检测是否做到头正、颈直，5~10 分钟一组。

4）加强腰部、肩部的力量和支撑力训练，进行舒展肩部的动作练习，每种坐姿训练持续 10 分钟，加强腰部支撑能力。

5）画直线或沿着地面砖的直线缝隙进行直线行走练习，5~10 分钟一组。

【任务评价】

任务评价表见下表。

仪态训练任务评价表

评价项目	评价标准		得分	备注
站姿（35 分）	身体各部位的正确姿态（15 分）	头、颈（3 分）		
		两肩、胸（3 分）		
		腰部（3 分）		
		手位（3 分）		
		双脚（3 分）		
	不同站姿的展示（10 分）	任选两种站姿，每个站姿 5 分		
	顶书训练效果（10 分）			
坐姿（30 分）	坐姿基本动作要领的展示（10 分）			
	脚的摆放方式（10 分）			
	入座后姿态的整体保持效果（5 分）			
	入座后其他要求（5 分）			

（续）

评价项目	评价标准	得分	备注
行姿（25分）	身体姿态（10分）		
	跨步的均匀度（5分）		
	手位摆动的情况（5分）		
	根据情景变换步伐（5分）		
蹲姿（10分）	上身姿态（5分）		
	起身动作与表情（5分）		

【学习小结】

本任务主要介绍车站工作人员在工作场合常用的几种仪态姿势，并对每种仪态适用的工作场景进行讲解。通过对相关内容的学习与了解，学生对岗位形象要求有进一步的认知和了解，为规范服务人员工作形象奠定了基础。

【知识巩固】

一、填空题

1. 站姿的训练方法包括_____、_____、_____、_____。
2. 男士常见的五种坐姿是_____、_____、_____、_____、_____。
3. 在与乘客进出升降式电梯时，如果无人驾驶电梯，应让乘客_____；如果有人驾驶电梯，应让乘客_____。
4. 在陪同引导乘客时，工作人员应走在乘客的_____，保持_____距离，并在上下楼梯、拐弯、进门时，要伸出左手示意，提示请乘客上楼、进门等。

二、简答题

1. 请简述蹲姿时工作人员应注意避免哪些问题。
2. 请简述客运服务过程中常见的几种站姿及其适用的工作场景。

任务四　沟通礼仪认知

【任务描述】

卡耐基曾经说过，一个人的成功，约有15%取决于知识和技能，85%取决于沟通。沟通是很有学问的，同样的事，同样的话，颠倒一下次序，调整一下语气，或者换个场合等，都会达到不同效果。

本任务对客运服务人员在工作过程中涉及的与人沟通的各个环节进行介绍，并对沟通基本礼仪要求进行说明，培养客运服务人员良好的职业素养，帮助工作人员更科学、高效地进行交流与表达。

【学习目标】

目标	目标内容
知识目标	了解客运服务人员见面、引导、交谈、电话环节的礼仪要求
	掌握客运服务人员十字文明用语
技能目标	能够与同事、乘客进行礼貌、高效的交流
素养目标	培养真诚谦逊的职业意识

【知识准备】

沟通是人与人之间传递信息、传播思想、传达情感的过程，是一个人获得他人思想、情感、见解、价值观的一种途径，是人与人之间交往的一座桥梁，通过这个桥梁，人们可以分享彼此的情感和知识，消除误会，增进了解，达成共同认识。在轨道交通车站中，处处存在着工作人员之间或工作人员与乘客之间的沟通，如购票、问询、上下车等。因此，工作人员应注重培养自身的沟通礼仪，创造高效、愉快的工作氛围。

一、见面礼仪

见面礼仪是日常社交礼仪中最常用与最基础的礼仪。人与人之间的交往都要用到见面礼仪，特别是从事服务行业的人员。作为车站工作人员，掌握基本的见面礼仪，能给乘客留下良好的第一印象，为后续工作的顺利开展打下基础。

1. 称谓礼仪

称谓礼仪是在对亲属、朋友、同志或其他有关人员称呼时所使用的一种规范性礼貌语，准确的称谓能恰当地体现出当事人之间的隶属关系。称谓礼仪有姓名称谓、亲属称谓、职务称谓、性别称呼四个大类，称谓礼仪在人们的日常生活中和外交活动中都非常重要。

在与乘客沟通时，往往需要运用恰当的称呼，如"您""女士""先生"等，称谓要表现尊敬、亲切和文雅，使双方心灵沟通，感情融洽，缩短彼此距离。工作人员恰当地运用称谓，是与乘客交往过程中不可缺少的礼仪因素。

2. 问候礼仪

见面问候是我们向他人表示尊重的一种方式。见面问候虽然只是打招呼、寒暄或是简单的三言两语，却代表着对他人的尊重，车站工作人员主动向乘客问好，能够给乘客以热情温暖、宾至如归之感。

1）主动。向乘客问候时，要积极、主动。如乘客首先打招呼了，工作人员要立即予以回应。

2）热情。向乘客问候时，要表现得热情、友好、真诚。毫无表情，或者表情冷漠地问候不如不问候。

3）大方。向乘客问候时，主动、热情的态度，必须表现得大方。矫揉造作、神态夸张，或者扭扭捏捏，反而会给人留下虚情假意的坏印象。

4）专注。问候的时候，要面含笑意，与乘客有正面的视觉交流，以做到眼到、口到、意到。不要在问候对方的时候，目光游离、东张西望，这样会让对方不知所措。

3. 致意礼仪

所谓致意，是指向他人表达问候、尊重敬意的心意，通常用于迎送、被别人引见、拜访时作为见面的礼节，对社交活动的进行影响极大。礼貌的致意，会给人一种友好友善的感觉。常用的致意礼仪有以下几种：

1）点头致意。适用于不宜交谈的场合，如会议、会谈的进行中，与相识者在同一地点多次见面或仅有一面之交者，在社交场合相识也可点头为礼。点头的正确做法是头向下微微一动，不可幅度过大，也不必点头不止。

2）微笑致意。适用于与相识者或只有一面之交者，彼此距离较近但不适宜交谈或无法交谈的场合。微笑致意可以不做其他动作，只是两唇轻轻致意，即可表达友善之意。

3）起立致意。常用于较正式场合，长者、尊者到来或离去时，在场者应起立表示致意，如正在坐着的下级、晚辈看到刚进屋的上级、长辈也应起立表示自己的敬意。

4）举手致意。举手致意适用于向距离较远的熟人打招呼，一般不必出声，只将右臂伸直掌心朝向对方，轻轻摆一下手即可，不要反复摇动。

5）欠身致意。适用范围较广，表示对他人恭敬。行礼时全身或身体的上部微微向前一躬即可。

二、交谈礼仪

交谈是表达思想及情感的重要工具，是人际交往的主要手段，在人际关系中的"礼尚往来"中有着十分突出的作用。可以说，在万紫千红、色彩斑斓的礼仪形式中，交谈礼仪占据主要地位。所以，强化语言方面的修养，学习、掌握并运用好交谈的礼仪，是至关重要的。

1. 交谈的态度

在与乘客交谈时，应当体现出以诚相待、以礼相待、谦虚谨慎、主动热情的基本态度，绝不能逢场作戏、虚情假意或应付了事。

（1）谈话表情　交谈时目光应当专注，或注视对方，或凝神思考，从而和谐地与交谈进程相配合。眼神呆滞、目光东游西走，是不礼貌的、不可取的。如果是多人交谈，就应该不时地用目光与众人交流，以表示彼此是平等的。交谈时可适当运用表情的变化，来表达自己对对方所言的赞同、理解、惊讶、疑惑，从而表明自己的专注之情，使交谈顺利进行。

（2）谈话礼貌　与人进行交谈时，须有意识地控制自己说话时的音量。最佳的说话声音标准是，只要交谈对象可以听清楚即可。如果粗声粗气，可能有碍于他人，也会给交谈对象造成粗鲁的印象。交谈时，语态应和缓亲善、热情友好，当别人讲话时，则要认真倾听。讲话的速度稍微舒缓一些，讲话语气要力戒强硬、急躁或者轻慢。

（3）谈话举止　交谈过程中要善于运用举止传递信息，如用手势来补充说明其所阐述的具体事由，避免过分或多余的动作。但需注意动作不可过多，切勿在谈话时左顾右盼，或是双手置于脑后，或是高架"二郎腿"，甚至修指甲、挖耳朵等。

2. 交谈的语言

语言运用是否准确恰当，直接影响着交谈能否顺利进行。所以，在交谈中尤其要注意语言的使用问题。

（1）通俗易懂　交谈时应自觉使用普通话，不要使用方言或土语。在交谈时，要以务实为本，不可滥用书面语言、专业术语或名词典故，努力使自己的语言生动、形象、具体、鲜明，应力求平易通俗，以利于沟通交流。

（2）文明礼貌　交谈时要尽量使用尊称，并善于使用一些约定俗成的礼貌用语，如"您""谢谢""请"等。在交谈过程中，客运服务人员要使用十字文明用语，即"您好、请、谢谢、对不起、再见"，既表现出使用者良好的文化素质、待人处事的实际态度，也能够令人产生优雅、温和、脱俗之感。在交谈时不可意气用事，以尖酸刻薄的话对他人冷嘲热讽，也不可夜郎自大，处处卖弄才识指正别人。

3. 交谈的内容

交谈内容的选择，应遵守一定的原则。

（1）言之有物　交谈内容务必要与交谈的时间、地点与场合相对应，交谈应切合主题，有观点、有内容、有内涵、有思想，避免空洞无物、废话连篇，交谈的内容应有材料作为根据，不进行无端的猜测。

（2）言之有序　交谈要有逻辑性、科学性，思路要清晰，内容有条理，布局要合理。根据谈话的主题和中心设计讲话的次序，安排讲话的层次，切忌语言支离破碎，想到哪儿就说到哪儿，给人以杂乱无章、言不及义的感受。

三、引导礼仪

在轨道交通车站客服工作中，经常需要对乘客进行路线指引或目的地引导，工作人员应懂得基本的引导礼仪，运用正确的引导方法和引导手势。

1. 引导方法

1）楼梯引导。引导乘客上楼时，应让乘客走在前面，工作人员走在后面；若是下楼时，应该由工作人员走在前面，乘客走在后面。上下楼梯时，应注意乘客的安全。

2）电梯引导。工作人员遵循"先进后出"的原则。引导乘客进入电梯时，工作人员应先进入电梯，并一手按"开"，等待乘客进入电梯后关闭电梯门；到达时，一手按"开"，让乘客先走出电梯。

3）走廊引导。在走廊里，工作人员要在乘客左前方两三步处，配合步调，请客人走在内侧。

2. 引导手势

根据引导目的的不同，适宜选用不同的引导手势，常用的引导手势有以下几种：

1) 横摆式（图2-4-1）。即手臂向外侧横向摆动，指尖指向被引导或指示的方向，适用于指示方向时。

2) 直臂式（图2-4-2）。即手臂向外侧横向摆动，指尖指向前方，手臂抬至肩高，适用于指示物品所在。

图2-4-1　横摆式　　　　　图2-4-2　直臂式

3) 曲臂式（图2-4-3）。手臂弯曲，由体侧向体前摆动，手臂高度在胸以下，适用于请人进门时。

4) 斜臂式（图2-4-4）。手臂由上向下斜伸摆动，适用于请人入座时。

图2-4-3　曲臂式　　　　　图2-4-4　斜臂式

在做引导手势的同时，工作人员要注意配合眼神、表情及其他姿态，切忌用单个食指指示方位。

四、电话礼仪

电话在轨道交通车站日常工作中有非常广泛的使用场景，对内可以进行生产信息的上传下达，对外可以与乘客进行沟通，也代表着轨道交通企业的声誉和形象。因此，掌握正确的、礼貌的电话礼仪是非常必要的。

1. 打电话礼仪

1）时间选择。与乘客通话要选择恰当的时间，一般早上 7 点前、晚上 10 点后不打电话，就餐、午休等休息时间也应避免打电话。

2）空间选择。不使用单位电话拨打私人电话。

3）喜悦的心情。拨打电话时要保持良好的心情，这样即使对方看不见你，但是从欢快的语调中也会被你感染，给对方留下极佳的印象。

4）打电话过程中绝对不能吸烟、喝茶、吃零食，即使是懒散的姿势对方也能够"听"得出来。

5）通话时长，宜短不宜长。长话短说，废话不说，通话前应提前将要说的事情简单整理，并准备好纸笔便于随时记录有用信息。

6）打错电话要主动道歉。

2. 接电话礼仪

1）接听时间。听到电话铃声，不要过早过晚接，长时间无人接电话，或让对方久等是很不礼貌的，对方在等待时心里会十分急躁，也会给对方留下不好的印象，一般要求铃声响三声内接。

2）代接电话。首先告诉对方他找的人不在，然后再问对方是谁。

3）对方打错电话。遇到对方拨错电话，首先提示对方拨错了，其次可以重复自己的号码。

4）记录。接听电话时应随时准备做好记录，电话记录既要简洁，又要完备。

 知识拓展

常用礼貌用语、敬语、谦语

1. 基本礼貌用语

（1）十字文明用语　十字文明用语为：您好、请、谢谢、对不起、再见。

（2）基本用语

问候语：早上好、晚上好、午安、晚安。

致谢语：谢谢、谢谢您、多谢了、十分感谢、非常感谢。

拜托语：请多关照、承蒙关照、拜托、拜托了。

慰问语：辛苦了、受累了、麻烦您了。

赞赏语：太好了、真棒、棒极了、美极了。

道歉语：对不起、实在对不起、实在抱歉、劳驾了、真过意不去、请原谅、望能海涵、给您添麻烦了、打扰了、请别在意、请别往心里去。

挂念语：身体好吗、最近怎么样、生活愉快吗、工作顺利吗。

祝福语：托您的福、恭喜发财、祝您身体健康。

理解语：深有同感、所见略同。

迎送语：欢迎、欢迎光临、欢迎再次光临、欢迎您下次再来、再见、祝您旅途愉快、祝您一路平安、祝您一路顺风。

征询语：您有什么事吗、需要我帮您做什么吗、我能帮您做什么吗。

应答语：没关系、别客气、不必客气、照顾不周请多指正。

委婉语：很遗憾，不能帮您的忙。

2. 敬语、谦语

与人相见说"您好"，问人姓氏说"贵姓"，问人住址说"府上"。
仰慕已久说"久仰"，初次见面说"幸会"，好久未见说"久违"。
向人询问说"请问"，请人协助说"烦请"，请人解答说"请教"。
请人办事说"拜托"，麻烦别人说"打扰"，求人方便说"借光"。
请改文章说"斧正"，接受好意说"领情"，求人指点说"赐教"。
得人帮助说"谢谢"，祝人健康说"保重"，向人祝贺说"恭喜"。
老人年龄说"高寿"，身体不适说"欠安"，看望别人说"拜访"。
请人接受说"笑纳"，送人名片说"惠存"，欢迎购买说"惠顾"。
希望照顾说"关照"，赞人见解说"高见"，归还物品说"奉还"。
请人赴约说"赏光"，对方来信说"惠书"，自己住家说"寒舍"。
需要考虑说"斟酌"，无法满足说"抱歉"，请人谅解说"包涵"。
言行不妥说"对不起"，慰问他人说"辛苦"，迎接客人说"欢迎"。
宾客来到说"光临"，等候别人说"恭候"，没能迎接说"失迎"。
客人入座说"请坐"，陪伴朋友说"奉陪"，中途先走说"失陪"。
临分别时说"再见"，请人勿送说"留步"，送人远行说"平安"。

【任务实施】

服务语言训练

一、任务描述

分角色演练车站服务的某一环节，使用文明服务用语，在班级进行服务展示。

二、任务要求

1）展示的服务环节需要从进站服务、安检服务、售票服务、检票服务、候车服务、乘降服务、换乘和出站服务中任意挑选一项。

2）根据服务环节、情境和岗位要求自行设计对白和文明服务用语。

3）结合正确的仪态、微笑、眼神和手势来表达语言,增强语言的表现力。

4）3~5人一组,所有人员均需上场参加现场展示,分角色演练(可以扮演售票窗口工作人员、值班站长、乘客等)。

【任务评价】

任务评价表见下表。

任务评价表

评价项目	评价标准	得分	备注
整体分(30分)	1）服务场景设置合理,符合实际(15分)		
	2）角色安排合理(15分)		
服务语言(40分)	1）使用标准服务用语(20分)		
	2）语言流畅、热情,语速适中(20分)		
仪容仪表和仪态礼仪(30分)	1）仪容仪表礼仪符合要求(15分)		
	2）仪态礼仪符合要求(15分)		

【学习小结】

本任务主要介绍车站工作人员在工作中与同事、乘客的沟通礼仪,从见面、引导、交谈及电话多个维度对工作人员在沟通过程中应关注的细节及注意事项进行讲解。通过对相关内容的学习与了解,学生进一步提升个人素养,为规范服务人员工作形象奠定了基础。

【知识巩固】

一、填空题

1. 引导乘客上楼梯时,工作人员应走在乘客的_____；在下楼梯时,工作人员应走在乘客的_____。

2. 接听电话时,长时间无人接听,或让对方久等是很不礼貌的,一般需在_____内接听电话。

3. 引导乘客进出电梯时,工作人员应遵循_____的原则。

4. 十字文明用语包括_____、_____、_____、_____、_____。

二、简答题

请简述常用的引导手势，并说明其适用的工作场景。

任务五　城市轨道交通职业道德

【任务描述】

良好的职业修养是每一个优秀员工必备的素质，良好的职业道德是每一个员工都必须具备的基本品质，这两点是企业对员工最基本的规范和要求，同时也是每个员工担负起自己工作责任必备的素质。城市轨道交通客运服务人员作为直面乘客、为乘客提供服务的人员，应当树立职业道德意识，陶冶职业道德品质和情操，将优质服务作为职业道德所追求的最终目标。

本任务对客运服务人员应具备的职业道德的基本含义、基本特征及主要内容进行介绍，并对职业道德的提升方法进行说明，培养客运服务人员良好的职业素养，引导客运服务人员形成良好的服务意识及服务态度。

【学习目标】

目标	目标内容
知识目标	了解道德与职业道德
	熟悉城市轨道交通职业道德
技能目标	具备职业道德修养
素养目标	培养良好的服务意识与服务态度

【知识准备】

客运服务人员是城市轨道交通窗口岗位人员，是服务效能的直接体现者，其职业道德是结合城市轨道交通客运服务人员职业特性，在工作实践中逐渐形成的。

一、道德与职业道德

1. 道德

道德是通过行为规范和伦理教化来调整个人之间、个人与社会之间关系的意识形态，是以善恶评价的方式调整人与社会相互关系的准则、标准和规范的总和。道德规范的调控作用几乎体现于人们的所有活动领域，既体现在日常生活中，也体现在有组织的社会活动中。

基本道德规范有爱国守法、明礼诚信、团结友善、勤俭自强、敬业奉献。

(1) **爱国守法** 爱国守法强调所有公民都必须把热爱祖国作为自己的一个神圣的道德义务，公民应当学法、知法、用法，自觉维护宪法和法律的权威。

(2) **明礼诚信** 明礼诚信强调所有公民讲究文明礼貌、诚实守信、诚恳待人。

(3) **团结友善** 团结友善强调所有公民应当与人为善、团结互助、和睦友好。

(4) **勤俭自强** 勤俭自强强调所有公民应当勤俭节约、自尊自立、努力奋斗。

(5) **敬业奉献** 敬业奉献强调所有公民应忠于职守、精益求精、克己奉公、服务社会。

2. 职业与职业道德

职业是指参与社会分工，利用专门的知识和技能，为社会创造物质财富和精神财富，获取合理报酬，作为物质生活来源，并满足精神需求的工作。

职业道德是同人们的职业活动紧密联系的，体现职业特征的道德活动现象、道德意识现象和道德规范现象，是社会道德在职业生活中的具体体现。是在职业生活中处理和协调人与人、个人与社会、人与自然关系的道德准则。

二、城市轨道交通行业职业道德

1. 城市轨道交通职业道德的基本特征

城市轨道交通的职业道德基本特征是全局相关性、经济影响性、政治敏感性、服务广泛性和社会制约性。

(1) **全局相关性** 城市轨道交通是国民经济的组成部分，是城市基础产业，它与政治稳定、经济发展和社会进步有着重要的关系。城市轨道交通客运服务人员，只有树立正确的职业道德观念，自觉遵守职业道德规范，才能站在全局和时代的高度上，认识城市轨道交通事业的重要性，自觉地把城市轨道交通服务工作同国家的富强、社会的发展和人民的幸福联系起来。

(2) **经济影响性** 城市轨道交通是国民经济的先行官，是"生产的第一道工序"，是联络各行业的纽带。因此，城市轨道交通客运服务人员的职业道德水平如何，既影响本行业的经济效益和社会效益，也影响其他行业的发展。

(3) **政治敏感性** 城市轨道交通是社会主义精神文明的窗口，是政治与社会稳定的重要环节。城市轨道交通客运服务人员的职业道德如何，关系到城市轨道交通的服务质量优劣，并从一个侧面反映了一个城市、一个地区政府工作的情况。

(4) **服务广泛性** 城市轨道交通是直接接触社会、沟通城市各个角落、连接四面八方的桥梁。由于城市轨道交通行业属于服务行业，它每天接触的服务对象人数众多，因此它在社会上有着广泛的影响。

(5) **社会制约性** 城市轨道交通客运服务工作受城市道路、交通管理、车流量和社会环境多种因素的制约。在服务的过程中，城市轨道交通职工也要接受社会对职业道德执行情况的评价和监督，因此在社会上形成了广泛的制约性。

2. 城市轨道交通行业职业道德的主要内容

(1) 热爱本职、忠于职守　热爱本职、忠于职守是城市轨道交通客运服务人员职业道德的一个基本要求，是由客运服务人员在城市轨道交通行业运营服务中的地位、作用及工作特性所决定的。要培养服务人员热爱本职、忠于职守的职业道德品质，必须首先充分认识本职工作的意义。随着客运市场竞争的日益激烈，城市轨道交通对乘客的依赖关系被普遍认识，服务与被服务的观念日益得到强化，这就决定了客运服务人员的言行要服从乘客利益。这既是城市轨道交通在竞争中取得优势的基础，也是服务人员热爱本职、忠于职守道德品质的表现。

(2) 文明待客、热情服务　城市轨道交通运营企业以运营服务为中心的经营思想和以服务为本、乘客至上的经营宗旨，决定了服务人员的职业道德必须以全心全意为乘客服务为核心。因此，客运服务人员应以文明礼貌的态度，热情周到地接待每位乘客，使他们既感受到人格的尊重又得到需求的满足，这是城市轨道交通客运服务人员职业道德的中心内容。

1) 文明礼貌、尊重乘客。文明礼貌、尊重乘客，是客运服务人员职业道德的起码要求。文明礼貌是处理人与人之间关系的一种社会美德，其核心是对他人的关心和尊重。对城市轨道交通客运服务人员来说，对乘客的尊重，就是用文明礼貌的言行、举止和以理服人、得理让人的态度对待乘客。

2) 方便周到、热情服务。为乘客乘车提供方便和周到的服务，努力满足乘客的各种需求，是体现热情周到服务的重要方面，也是客运服务人员主要的职业责任和义务。

(3) 遵章守纪、顾全大局　城市轨道交通是一个由车到线、由线成网，协作关系甚为密切的整体。要保证运营服务生产各环节的正常联系，保证线网结构整体运送能力的有效发挥，必须依靠规章制度、纪律和运营生产人员全局观念的约束。

1) 遵章守纪、维护正常运营。城市轨道交通客运服务人员要从维护企业信誉和自身形象出发，严格执行企业规定的各项职业纪律。否则，必然会给城市轨道交通运营企业造成坏的影响。客运服务人员的工作往往远离指挥中心，在无人监督的情况下独立工作，这就要求客运服务人员必须有正确的劳动态度和遵守各项规章制度的自觉性。

2) 顾全大局、提高运营效率。服从城市轨道交通线网这个大局非常重要，由于城市轨道交通运行环境变化比较大，因此客运服务人员都必须服从城市轨道交通全局的总体安排，做到勇挑重担，保证运行畅通。

(4) 仪表端庄、站容整洁　客运服务人员的仪表和城市轨道交通车站的整洁是广大乘客对城市轨道交通的第一印象。城市轨道交通客运服务人员要在职业活动中表现出良好的形象，就必须要求仪表端庄和站容整洁。这对创造舒适的乘车环境、树立良好的服务信誉、促进社会道德风尚的提高，有着积极的意义。

(5) 钻研业务、讲究艺术　随着社会的发展，城市轨道交通服务已从简单劳动发展为融合了服务意识、服务知识、服务技巧为一体的综合活动。因此，服务人员要提高认识、勤奋学习、钻研业务，熟悉沿线地理环境，掌握政策、法规和处理矛盾的方法，了解一些心理学知识和服务技能，这对提高服务质量非常有必要。

（6）团结互助、协作配合 团结互助、协作配合，是集体主义原则在客运服务人员职业道德中的具体表现。城市轨道交通的运营服务是多工种的联合作业，各工种之间的协作配合非常重要。能否团结互助、协调配合是衡量城市轨道交通职工整体职业道德素质的重要标志。

知识拓展

如何提升职业道德修养

职业道德修养是一种通过自我教育、自我锻炼来提高自己职业道德品质的实践活动，是个人自觉进行的一种道德活动。其目的就是把职业道德原则和规范贯彻落实到职业活动中，养成良好的职业行为习惯，做到言行一致、知行统一，进而形成高尚的职业道德品质，并达到崇高的职业道德境界。

1. 职业道德修养的主要内容

（1）掌握职业道德知识 学习和掌握职业道德知识，是职业道德修养的首要环节和最初阶段。职业道德知识是职业道德情操产生的依据，是职业道德意志锻炼的内在动力，是决定职业道德行为倾向的思想基础。要掌握职业道德知识，必须坚持不懈地学习和锻炼，每名职业者都应当结合自己所学专业和所做的实际工作，努力掌握适合本职岗位的职业道德原则和规范。

（2）陶冶真诚的职业道德情操 职业道德情操是随着人们的职业道德认识而产生和发展的内心情绪体验，包括正义感、责任感、义务感、良心感、荣誉感和幸福感等，对职业者的职业活动产生巨大的调节作用。作为一名职业人员，只有培养起真诚的职业道德情操，才会真正从内心热爱自己所从事的职业，潜心钻研业务，尽职尽责地做好本职工作，全心全意地为人民群众服务，为社会做出贡献。

（3）磨炼坚强的职业道德意志 是否具备坚强的职业道德意志，是衡量职业者职业道德素质高低的重要标志。作为一名职业人员，应该认识到培养职业道德意志的重要性，自觉抵制各种腐朽思想、不良风气的诱惑、侵蚀，保持高风亮节，自觉遵守职业道德的原则和规范，争做爱岗敬业、忠于职守、克己奉公的劳动者。

（4）树立坚定的职业道德信念 只有形成了坚定的职业道德信念，职业者的职业道德知识、情操和意志才具有稳定性和一贯性，职业道德行为才具有坚定性。职业人员一旦牢固地树立了职业道德信念，就能以持之以恒的精神和对工作精益求精的态度，始终不渝地遵守职业道德规则，履行自己的职责和义务。

（5）养成良好的职业道德行为习惯 职业道德行为是衡量职业者职业道德品质好坏、职业道德水平高低的客观依据。职业道德修养的最重要环节，就是要把职业道德原则和规范贯彻落实到职业道德行为中。职业道德行为习惯的养成，离不开职业技能的学习与提高。只有具备了精湛的职业技能，职业者的职业道德知识、情操、意志和信念才有用武之地。

2. 职业道德修养提升的方法

（1）要善于学习　学习是提高职业道德认识、树立职业道德信念的方法，是形成良好职业道德品质的重要途径。作为城市轨道交通从业人员，只有坚持终身学习，不断加强学习，才能适应工作的需要，紧跟时代的步伐。

（2）要勇于实践　社会实践是产生优秀道德品质的源泉。城市轨道交通人员良好的职业道德品质的养成，归根到底，就是要按照城市轨道交通职业道德原则和规范，正确处理职业活动中"个人—他人—社会"的利益关系，而这种关系本身就是在职业活动实践中产生和表现出来的。

（3）要努力做到内省和慎独　所谓内省，是指人们通过内心的检讨和自我评价，使自己的言行符合职业道德规范的要求。只有在本职岗位的工作实践中，依据职业道德规范不断地评价自我的言行，进行自我反省，才能在职业活动中使自己的行为符合社会主义职业道德的原则和规范。所谓慎独，是指在独自一人没有外界监督的情况下，也能自觉遵守道德规范，不做任何有违道德的事情。慎独是重要的道德修养方法，也是崇高的道德境界，它是评定一个人道德水准的试金石，是自觉自律道德意识的体现。

（4）要学习榜样　榜样的力量是无穷的。在我国的不同建设时期，各个行业都有大量的先进人物出现，他们在平凡的岗位上做出了骄人的业绩，是学习的榜样。客运服务人员要通过学习榜样，净化心灵，提高自己的职业道德修养。

【任务实施】

车站客运服务人员典型事迹收集与分享

一、任务描述

收集车站客运服务人员的典型事迹，进行课堂分享。

二、任务要求

1）典型事迹要和车站客运服务人员的职业道德、职业准则或职业素质要求相关。
2）3~5人一组，以小组为单位进行课堂分享。
3）课堂分享方式不限（PPT演示、视频展示、现场演讲等），时间不得多于5分钟。

【任务评价】

班级全员参与，采用现场匿名的方式进行评分，任务评价表见下表；随机抽取学生进行现场点评。

任务评价表

评价项目	评价标准	得分	备注
典型事迹内容（40分）	1）是真实事迹（需表明出处）（10分）		
	2）典型事迹与职业道德、职业素养相关（10分）		
	3）事迹描述完整、逻辑清晰（20分）		
事迹分享（60分）	1）语言表达流畅连贯、声音洪亮（20分）		
	2）表达简洁、不啰唆、不赘述，无过多口头语（如嗯、呃等）（10分）		
	3）分享时间控制在3~5分钟（10分）		
	4）选用合适的分享方式，现场效果好（10分）		
	5）典型事迹有分析和升华（10分）		

【学习小结】

本任务对城市轨道交通行业职业道德的含义、基本特征及主要内容进行了介绍，并分享了提升职业道德修养的途径与方法。通过对相关内容的学习与了解，学生进一步认知职业本质及职业定位，有利于学生树立正确的职业理想。

【知识巩固】

一、多选题

1. 我国公民基本道德规范包括爱国守法、（　　）。
A. 明礼诚信　　B. 团结友善　　C. 勤俭自强　　D. 敬业奉献
2. 城市轨道交通职业道德基本特征包括（　　）。
A. 全局相关性　　B. 经济影响性　　C. 政治敏感性
D. 服务广泛性　　E. 社会制约性

二、简答题

请简述城市轨道交通行业职业道德的主要内容。

项目三

城市轨道交通客运心理服务

项目三　城市轨道交通客运心理服务

【情境导入】

在城市轨道交通的网络中，每日客流量数以百万计，乘客们带着各自的目的与情绪穿梭其中。从黎明破晓时的稀疏人流，到早高峰的摩肩接踵，再到夜晚的归心似箭，客运服务人员始终处于复杂多变的交通环境之中。

面对赶时间者的急躁、初乘者的紧张、通勤者的倦怠，服务人员需精准洞悉这些心理状态。客运服务心理学，恰似一座桥梁，连接着服务者与被服务者的内心世界。它为理解乘客行为动机、情绪起伏提供理论依据，助力服务人员运用恰当的沟通技巧、服务策略，化解矛盾于无形，提升服务品质，营造和谐舒适的乘车环境。

任务一　乘客心理特征认知

【任务描述】

乘客是城市轨道交通运输服务的对象，客运服务人员必须学会掌握乘客的心理需求，尤其是乘客的个性心理需求，从而为不同的乘客提供不同的服务，使乘客的出行需求得到满足，提高服务质量。

本任务通过分析乘客的共性和个性的心理及行为，开展优质服务。

【学习目标】

目标	目标内容
知识目标	了解乘客共性心理
	了解乘客个性心理
技能目标	为了满足乘客的各类需求，能够采取正确的措施
	能独立面对不同类型乘客
	能够根据实际情况，正确处理乘客事务
素养目标	具有换位思考的能力
	具有较强的应急处理能力

【知识准备】

一、乘客共性心理与行为

1. 乘客的安全心理

在乘客共性心理中，最基本的就是安全心理，这也是乘客在搭乘城市轨道交通首先考虑并需要获得保障的心理需求,也是衡量客运服务质量最重要的标准,主要包括人身安全和财物安全两个方面。

对于乘客来说,在出行过程中不受到各种潜在危险因素的威胁就是人身安全的需要,例如不受到突发事件引发的外部伤害。财物安全的需要就是乘客不会因为环境、人群、服务等而造成个人物品的损失。

作为城市轨道交通客运服务人员,可以从以下两个方面来满足乘客的安全心理:

1)加强城市轨道交通的治安管理,从加强地铁安检力度等方面着手。

2)提高客运服务人员的应急处置能力,在应急情况发生时,能够正确并快速处置。

2. 乘客的方便心理

乘客希望购票、安检和检票不要排太长的队、站内有明确的指示标识、候车时能够有方便的各种辅助服务等,为满足这种方便心理,乘车流程可以尽可能地简化。

城市轨道交通客运服务可以从以下两个方面满足乘客的方便心理:

1)增加车站内的引导措施,例如明晰车站内的指示标识,让乘客清楚走行路线,使乘客在站内尤其是在换乘站快速通行,如图 3-1-1 所示。

图 3-1-1　成都地铁站内导向

2)提高车站内设备的自助能力,比如乘客可以通过多元化的购票方式进行购票,减少排队购票的时间,如图 3-1-2 所示。

3. 乘客被重视的心理

大多数人都希望自己的言行能够引起良好的反应,也就是常说的人们需要得到重视。有些客运服务人员在回答乘客问询时,态度不好,不冷不热,乘客会觉得自己被忽视,就容易引起投诉。自尊心人人都有,作为服务人员尤其需要尊重乘客而满足他们被重视的心理需求。

乘客需要得到重视的心理,就对客运服务人员提出了一定的要求,客运服务人员在处理

图 3-1-2　成都地铁刷脸进站闸机

问题时，不能训斥乘客，不能让乘客在众人面前有失身份、丢脸面。比如，有些乘客抢上抢下时，一味地训斥不仅不会起到宣传教育的作用，反而会引起服务纠纷。所以在服务过程中，客运服务人员要重视乘客心理，给乘客面子和台阶，注意文明用语，切忌使用催促、命令和不耐烦的口吻，更不能挖苦讽刺乘客。

4. 乘客的舒适心理

随着人们生活水平的提高，乘客对舒适性的要求日渐加强。

乘客的舒适心理需要主要通过站内服务人员良好的服务态度、干净整洁的乘车环境、直观的客流分布、有序的组织方式以及便捷的辅助设备设施来得到，例如站内服务人员亲切的问候、母婴室的设置、移动电源租借设备的布置以及适当增加的卫生间数量等。

二、乘客个性心理与行为

个性心理是指经常地、稳定地表现在一个具体人身上的那些心理特点的总和，它包括能力、气质和性格。

按照人的气质划分，有四种不同气质类型的乘客。因此，就要有不同的服务方式。

1. 胆汁质的乘客

胆汁质的乘客往往性格急躁，快言快语，喜欢与人争论，情绪容易激动，对服务的评价也容易很极端，出行中又常常粗枝大叶，丢失东西。

客运服务人员在工作中，一定要注意自己的言谈要谦让、宽容，不计较他们过激的语言，安抚好他们冲动的情绪。

2. 多血质的乘客

多血质的乘客往往表现得活跃、好动，他们思维敏捷，动作灵活，对人热情大方，喜欢与人聊天，收集各种信息，而且感情外露。站务员在工作中要尽量满足他们爱沟通、爱交流的心理，主动向他们介绍一些车站的设施、安全规则、特色站点等。

3. 黏液质的乘客

黏液质的乘客通常表现得很安静，他们少言寡语，一般不主动与人交谈，对外界刺激反应比较慢，不容易适应新环境。但他们做事稳重，自制力非常强，讲话慢条斯理，很少打扰别人。

在回答他们的询问时，客运服务人员要放慢语速，重点地方要适当重复。一般情况下不要与他们过多交流，以免引起他们反感。

4. 忧郁质的乘客

忧郁质的乘客感情很少向外流露，有事一般不愿对别人讲，愿意闷在自己心里，往往很孤僻、不合群、沉默寡言。他们的自尊心非常强，对事情体验深刻，又很敏感、好猜疑，想象丰富，遇到困难或挫折时，表现得非常痛苦。

为他们服务时，一定要体现出十分的尊重，态度要亲切和蔼，讲活清楚明了，不要和他们开玩笑，以免产生误会和猜疑。当他们遇到困难时，要积极关心，给予帮助和安慰，让他们感到温暖。

三、不同乘客心理特点与服务技巧

1. 不同来源乘客心理服务

（1）当地乘客

1）当地乘客的心理特点：当地乘客对乘车环境和当地情况比较熟悉，心理上没有顾虑，出行的问题较少，主要特点是上班怕迟到，下班盼回家，时间观念强。

2）当地乘客的服务技巧：根据当地乘客对乘车环境和当地情况比较熟悉，心理上没有顾虑，出行问题少的特点，客运服务人员应该多掌握客流规律，如高峰时段固定乘客多，低峰时段流动乘客多；节假日带小孩、购物乘客多；暑期旅游乘客多等。客运服务人员应做到微笑服务、亲情服务。

（2）外地乘客

1）外地乘客的心理特点：外地乘客根据旅行的目的可划分为出差办事、旅游、探亲访友、看病就医等。外地乘客普遍对乘车环境和地域情况不熟悉。由于对环境不熟悉、随身物品又较多，这时候容易忽视人身和财物安全，心理上顾虑比较多。如一些外来的务工乘客，根据他们的乘车特点，其突出的心理活动是个"怕"字，怕买不到票、怕上不了车，怕坐过站，想询问但犹豫不决又不敢问，甚至听不懂当地的语言，怕出差错。还有可能听不清广播术语、不明白表达的内容而坐错车。

2）外地乘客的服务技巧：外地乘客是客运服务人员的重点服务对象，因此客运服务人员要热情、主动、耐心地解答询问，应多掌握和体贴外地乘客的个性心理，主动、热情地为他们服务。

2. 不同年龄乘客心理服务

（1）老年乘客 随着年龄的增长，老年人的体力、精力开始衰退，生理的变化必然会带来心理的变化，在感觉方面会变得迟钝，对周围事物反应缓慢，活动能力逐渐减退，动作缓慢，应变能力变差。

1）老年乘客的心理特点：他们在乘车时的心理表现有安静心理，因行动不灵活，体力差，喜静不喜动，乘车要求不高，不愿给客运服务人员添麻烦。旅途中遇到困难比较沉着。

2）老年乘客的服务技巧：老年乘客是客运服务人员的重点服务对象。在服务中要多为他们提供方便，多给予照顾。服务过程中一定要仔细、有耐心，语气要缓和，动作要慢、稳，特别是要尊重老年乘客的意愿。例如，老年乘客乘车时，要引导他们找座位就座，适当询问他们的需求，并尽最大努力满足他们；在站内上厕所时，老人腿脚不便，客运服务人员需要主动搀扶；客运服务人员应积极主动询问老人是否需要帮助，无法完成时，及时联系车站工作人员。

（2）中年乘客 人到中年，知识仍在不断积累，经验日益丰富，然而人体生理功能在不知不觉中下降，心理能力的不断提高和体力的逐渐衰减，是中年人的身心特点。

1）中年乘客的心理特点：中年乘客占乘客流量的比例较大。城市中的中年乘客一般具有丰富的乘车知识，中年乘客比老年乘客行动灵活，比青年乘客稳重。

2）中年乘客的服务技巧：根据中年乘客的特点，客运服务人员在满足中年乘客需求的同时，应虚心向中年乘客请教，接受他们对客运服务工作提出的意见和建议，并据此改进服务方式，提高服务质量。

（3）青年乘客 这里所说的青年乘客主要指大中专学生。

1）青年乘客的心理特点：青年乘客精力充沛、思想活跃，在乘车中的心理行为表现为喜欢聚集成群、好奇、好动，喜欢说笑、娱乐、热闹。乘车心切，急于到达目的地，总是希望尽量减少在车站等待乘车的时间。

2）青年乘客的服务技巧：客运服务人员对他们的行为应礼貌地多给予提示，以免影响他人。

（4）幼年乘客

1）幼年乘客的心理特点：幼年乘客的行为具有强烈的情绪性，喜动不喜静、好奇心强、善于模仿、判断差、能力差的特点。

2）幼年乘客的服务技巧：客运服务人员在提供服务的时候，尤其要注意防止一些车站、车辆不安全因素，如要防止活泼好动的儿童乱摸乱碰车站、车辆上的设施设备。可通过提醒幼年乘客的随行成年人进行照看与监管。列车起动、停车时要注意防止幼年乘客四处乱跑等，以防发生意外。

3. 特殊情况时乘客心理服务

（1）上错车、坐过站、下错车的乘客心理服务 乘客在乘车中发生上错车、坐过站、下错车的问题，乘客本身有一定的责任，也反映出城市轨道交通运输服务中存在的一些问题，如服务做得不周到、不细致。在发生此类情况后，乘客心情焦急、慌乱，希望得到客运服务人员的帮助。客运服务人员应一面安慰，稳定乘客的情绪；一面积极想办法帮助乘客解决问题，以防止发生其他意外情况。

（2）超负荷列车中乘客心理服务 列车超负荷情况下会带来许多问题，例如车厢内拥挤、乘客无座席、空气不流通、闷热有异味等。在这种情况下，乘客会有怨气、心情烦躁，乘车时间越长表现得越严重。这时，应注意站、车内的环境，尤其是要保持适当的通风和适宜的温度；做好乘客的组织工作，使车站、车内都保持秩序。

（3）携带危险品进站乘车乘客心理服务 携带危险品进站乘车的乘客有以下两种情形：

一是乘客不知自己所携带物品为危险品，误带上车，看到、听到严禁乘客携带危险品进站上车的宣传后，犹豫不决，不知如何处理。

二是乘客有意将危险品携带上车，他们担心被查出，对客运服务人员有害怕心理。

客运服务人员对那些在乘车时表现犹豫、徘徊、坐立不安的乘客，应主动观察和询问，既可以查出危险品，防止意外事件发生，又可以了解到其他情况，提供适当的服务。

（4）**丢失物品乘客心理服务** 乘客丢失物品之后会表现出着急、焦虑、埋怨、后悔、心情沉重、不知所措等心理活动和行为。客运服务人员要对丢失物品的乘客进行心理安慰，注意乘客的动态，防止发生意外；同时积极配合公安人员寻找线索，以利于尽快找回失物。

（5）**对乘车条件不满意、不如意乘客心理服务** 在乘客乘车过程中，总会出现一些对乘车条件不满意的事情，在这种情况下，乘客常表现出埋怨气愤等不满情绪。对此，客运服务人员一方面应检查自己工作中存在的问题，采取适当的方法改进；另一方面应耐心解释，争取乘客的谅解。

（6）**遇到意外事件乘客心理服务** 遇到意外事件可能由两方面原因造成：一是乘客原因；二是城市轨道交通运输服务部门的原因。对城市轨道交通运输服务部门造成的意外事件，如发生列车事故、遇到自然灾害等意外情况，会影响乘客正常乘车，甚至威胁乘客安全。这时，乘客焦虑不安、心情烦躁，希望运输部门尽快排除险情，恢复列车运行。客运服务人员应沉着、冷静，稳定乘客情绪，积极进行妥善处理。

（7）**遇严寒、酷暑气候条件乘车乘客心理服务** 乘车条件的好坏是影响乘客情绪变化的直接原因，在适宜的温度下乘车，会减少出行疲劳，乘客会感到轻松、愉快。严寒或酷暑都会增加乘客的生理和心理负担。在严寒环境下，乘客希望供暖系统良好，站、车温度高一些。在酷暑环境下，乘客希望空气调节系统良好，站、车温度较低，或能够买饮料及其他防暑降温物品。客运服务人员应注意站、车内保持适当的通风和适宜的温度，做好对乘客的组织工作。

知识拓展

你是什么气质类型的人？

四个不同气质类型的人去剧院看戏，但同时迟到了。检票员拦在门口，告诉他们不能进入，只有等到这一幕结束，幕间休息时才能进入。

多血质的人面对这样的情形，立刻明白，检票员是不会让他进去的，但他猜楼上应该有小门，就跑到楼上看看能不能从小门进去。

黏液质的人看到检票员不让他进入戏院，就想："第一场大概不精彩吧，我还是暂时到小卖部喝茶，等幕间休息再来吧！"

胆汁质的人与检票员吵了起来，企图进入剧院，他分辩说戏院的表走快了，他进去不会影响别人，并且企图推开检票员闯进剧院。

忧郁质的人则会想："我老是不走运，偶尔来一次戏院，就这么倒霉。"接着就回家去了。

资料来源：搜狐，2018年4月4日

【任务实施】

乘客需求分析

一、任务描述

根据服务案例，对案例中乘客行为背后的需求进行分析。

二、任务要求

1）学生分为若干小组，每组 3~5 名同学。
2）教师给出服务案例，小组成员根据案例内容进行分析及讨论。
3）各小组对案例中乘客内在需求进行分析，并指出案例中工作人员的不足之处。

【任务评价】

任务评价表见下表。

乘客需求分析任务评价表

评价项目	评价标准	得分	备注
整体分（30分）	1）乘客服务案例分析清晰（15分）		
	2）乘客服务需求总结全面、具体（15分）		
评价与总结（40分）	1）对案例中不足之处总结到位（20分）		
	2）提出改进措施完整、可行（20分）		
汇报表达（30分）	1）汇报形式生动、具体（15分）		
	2）表达流畅、清晰（15分）		

【学习小结】

本任务主要介绍乘客的共性心理特征以及个性心理特征，通过学习乘客的心理特征，学生对乘客的心理有了一定的认识，并掌握了在面对不同乘客时，应该怎样沟通，怎样提供更好的服务。

【知识巩固】

简答题

1. 请简述乘客的安全心理。

2. 请简述应如何面对多血质的乘客。

任务二　客运服务人员心理特征认知

【任务描述】

客运服务人员是城市轨道交通运输提供服务的人员，只有优秀的客运服务人员才能提供优质的服务。因此，正确把握城市轨道交通客运服务人员的心理特征，解决其心理问题，使其心理健康，是城市轨道交通客运服务心理中非常重要的一部分。

本任务是通过分析客运服务人员的心理特征，提高客运服务人员心理素质，提升客运服务技巧。

【学习目标】

目标	目标内容
知识目标	了解客运服务人员心理压力处理方式
	了解客运服务人员激励方式
技能目标	正确处理自己的心理压力
	能够做好自我激励
	能够起到团队激励的作用
素养目标	具有自我调节的能力
	具有较强的应急处理能力

【知识准备】

一、客运服务人员心理压力调节

1. 工作压力的概念

工作压力是指在机体工作环境影响下产生的心理和生理反应的综合状态，它代表了机体对于环境压力的一种反应。但人们应该正确对待工作压力，因为工作压力的最终目的是使个体更好地适应环境。

2. 工作压力的影响因素

（1）**工作条件**　城市轨道交通客运服务人员工作时间长且大部分工作人员需要倒班，日常工作作业内容重复，在面对应急事件时需要快速做出应对，且工作环境具有噪声污染等，每天还会面对不同特征的乘客，如图3-2-1所示。因此，客运服务人员会产生生物钟紊乱的情况，并且健康受到威胁，工作压力比较大。

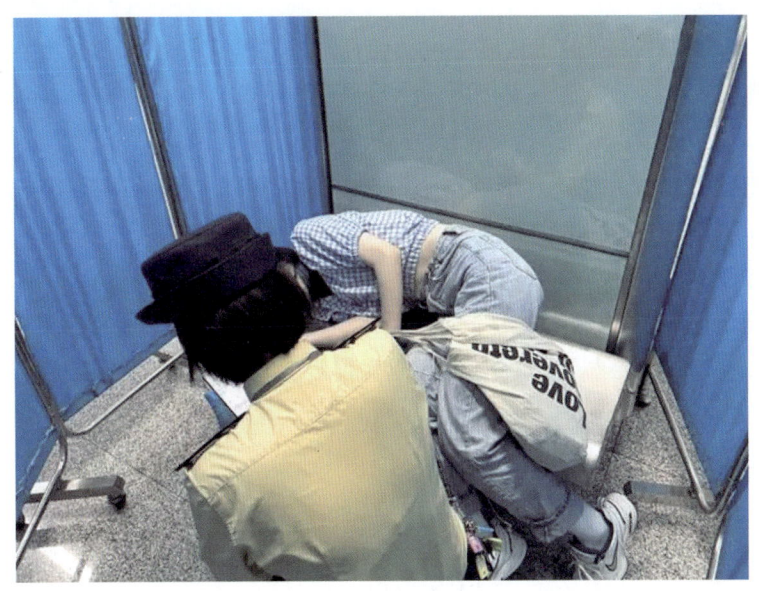

图 3-2-1　广州地铁员工救助身体不适乘客

（2）**人际关系**　城市轨道交通客运服务人员在日常的工作中，除了需要妥善处理好与上下级的关系，还要在性格极端乘客发泄情绪时，积极处理。如果不能很好地处理与同事及乘客之间的关系，就会变得敏感，在日常交往中变得退缩，就会产生工作压力。

（3）**职业发展**　城市轨道交通客运服务人员是生产一线员工，一般多为生产岗位员工，会有较强的晋升意识，但是城市轨道交通企业人员数量较多，晋升岗位数量有限，竞争压力日渐增大。另外，城市轨道交通企业管理规范，日常考核严格，当员工在操作过程中出现错误就会被考核，所以会导致员工失去信心、增加焦虑、降低工作满意度，从而降低服务质量。

（4）**家庭工作交互影响**　在实际生活中，经常会产生工作和家庭不能兼顾的情况，尤其是倒班的工作人员，甚至很多时候会出现情绪相互感染的情况，这样的情况不仅会影响家庭幸福，也会影响工作状态，例如在情绪低落的时候面对乘客，就会服务态度较差。

3. 工作压力的应对

适度的压力能让人产生挑战自我的成就感，而过度的压力就会引起焦虑、沮丧等不良心理，并引发身体疾病。因此，应对工作压力首先要培养内心对工作的正确认知态度，同时配合一些外部方法。

（1）**适度转移和释放压力**　面对压力，转移是一种最好的办法，比如进行体育锻炼，体育锻炼能很好地发泄，运动完之后会感到很轻松，这样就可以把压力释放出去。

（2）**用积极的态度面对压力**　压力可以是阻力，也可以变为动力，就看自己如何去面对。社会是在不断进步的，人在其中不进则退，所以当遇到压力时，明智的办法是采取一种比较积极的态度来面对。实在承受不了的时候，也不让自己陷入其中，可以通过看看书、涂涂画画、听听音乐等，让心情慢慢放松下来，再重新去面对。

二、客运服务人员激励

工作激励是激发工作人员的责任感、主动性和工作热情，使工作人员有获得成就的机会、晋升的机会和组织认同感及更富有责任感。

1. 客运服务人员自我激励

（1）自我激励的概念　自我激励是指个体具有不需要外界奖励和惩罚作为激励手段，能为设定的目标自我努力工作的一种心理特征。

（2）自我激励的方式

1）设定合理的目标。目标激励是制订切实可行的目标激励人们奋发工作，不断取得进步。目标不能太高，也不能太模糊，不然目标就很难实现。同时，也要把任务清晰化，用具体的任务激励自己。

2）寻找自己的榜样。榜样不仅是一面镜子，而且是一面旗帜。好的榜样昭示着做人、做事的基本态度，激发人们对人生道路和人生理想的思考，给予人们自我完善的力量。善于寻找好的榜样、向榜样学习、汲取榜样的力量，才能积极向前。可以以一些"地铁工匠""技术能手"为榜样，也可以以身边的优秀同事为榜样。

3）持续学习。世界是在不停变化的，要想不被时代抛弃，只有不断充实、学习。对于个人而言，最重要的是保持持续学习的能力，保持对世界的好奇心，并能快速将自己的所见所学运用到实际中。持续学习能够让自己拥有更多的知识技能，能够很淡定地来面对快速发展的社会、面对快速发展的行业。客运服务人员既可以持续学习专业知识，不断学习新技术，也可以从其他方面不断提升自己，找到突破口。

2. 客运服务人员团队激励

（1）团队激励的概念　团队激励即通过满足团队队员生理的、心理的某种需要，激发与鼓励队员的工作热情、行为动机，调动人的积极性，促使人有效地完成行为目标。

（2）团队激励的方式

1）情感激励。提高城市轨道交通客运服务人员的公司归属感，建立起员工对企业文化的认同。

一是要公平，公平是培养员工对企业归属感的基石，企业首先要营造一个公平公正的制度环境，包括薪酬公平、考核公平、晋升公平、奖惩公平等。二是企业要开辟员工诉求渠道，了解员工爱好，培养员工兴趣，开展各种文化娱乐活动，丰富员工生活，让员工感受到企业大家庭的氛围，通过兴趣爱好把员工凝聚在一起，借助快乐的工作体验增强员工对企业的向心力。三是城市轨道交通企业规模较大，企业要畅通员工成长成才的渠道，让员工感受到个人的重要性，才会愿意最大限度地发挥潜能。

员工对企业有了归属感，就会产生高度的责任感，把日常工作当成自己的奋斗事业，并表现出较强的奉献精神。

2）成就感激励。成就感本质是一个人内心的体验，既取决于其自身的体悟，又很容易受到外界评价的影响。可以从以下两个方面提高客运服务人员的成就感。

一是让员工认同工作的价值，例如城市轨道交通客运服务人员的工作可以为乘客服务，帮助乘客更安全、便捷、舒适地搭乘地铁，这就是这个工作展现的价值。二是表扬要及时，员工在做完一项工作之后，都希望尽快了解它的价值和社会反映，如果得到及时肯定，会给他带来愉悦，使他的行为得以保持和再现。许多有经验的管理专家都重视及时表扬，这种方法产生的效果是良好的。

 知识拓展

成都地铁周胡彬：用小小一块电路板　便捷千万人的出行路

成都地铁周胡彬创新工作室自主创新成功研制的移动半自动售票机（简称移动BOM），让票卡异常情况的处理时间大大缩短。它的外观和一个iPad差不多，配发给道闸口的工作人员，遇到异常情况时可以不用找票亭工作人员，直接在道闸口就解决问题。

从个人爱好到"发明家"，周胡彬一路走来也经历过不少困难：无数次的调试、测试以及改进，才能得到一个合格的产品、解决一个看似微不足道的麻烦。就这样，通宵加班的情况毫不稀奇，还要承担失败的压力。"但路都是一步一步走出来的，我坚信未来成都研发制造的地铁设备能够走向全国，享誉世界。"

周胡彬及团队先后完成了移动半自动售票机、车站气象检测系统、工具防遗漏装置、多功能手持终端等新技术、新产品的研制……2019年，周胡彬成为成都市首批"成都工匠"，而其成立的"周胡彬职工创新工作室"，更是成为成都地铁各项设备发明、改造革新的小基地。

资料来源：封面新闻，2022年5月4日

 【任务实施】

车站客运服务人员榜样人物收集与分享

一、任务描述

收集车站客运服务人员的榜样人物，进行课堂分享。

二、任务要求

1）榜样人物要和车站客运服务人员的工匠精神、创新精神相关。
2）3~5人一组，以小组为单位进行课堂分享。
3）课堂分享方式不限（PPT演示、视频展示、现场演讲等），时间不得多于5分钟。

【任务评价】

班级全员参与，采用现场匿名的方式进行评分，任务评价表见下表；随机抽取学生进行现场点评。

任务评价表

评价项目	评价标准	得分	备注
榜样人物内容（40分）	1）是真实事迹（需表明出处）（10分） 2）榜样人物与工匠精神、创新精神相关（10分） 3）事迹描述完整、逻辑清晰（20分）		
事迹分享（60分）	1）语言表达流畅连贯、声音洪亮（20分） 2）表达简洁、不啰唆、不赘述，无过多口头语（如嗯、呃等）（10分） 3）分享时间控制在3~5分钟（10分） 4）选用合适的分享方式，现场效果好（10分） 5）榜样人物事迹有分析和升华（10分）		

【学习小结】

本任务主要介绍城市轨道交通客运服务人员的压力来源和调节方式、个人激励和团队激励的方式，通过以上的学习，学生在今后的工作中保持良好的心理状态，从而提升自身的工作热情。

【知识巩固】

简答题

1. 请简述工作压力的影响因素。
2. 请简述情感激励的具体操作。

项目四

城市轨道交通车站客运服务

【情境导入】

为了给哈尔滨市民提供一个高标准的地铁服务，地铁站务人员在地铁还未通车之前已经到岗，同时，每天都在接受"空乘"式服务培训，以及模拟演练地铁运营过程中的各种情况。

在地铁集团运营分公司的训练室里看到，男女站务工作人员都正在进行礼仪训练。负责人说："虽然哈尔滨地铁还没有开始运营，但为了运行后的哈尔滨地铁有一个高标准的服务环境，这些站务工作人员的训练一点也不能松懈。哈尔滨地铁代表着哈尔滨新的客运服务形象，服务标准也要相应提高，所以我们现在的训练是按照空乘式服务来进行的。"正在负责礼仪培训服务的老师说："虽然站务人员的服务场所是地铁沿线，但我们的标准是向空乘看齐。"此外，站务人员的站姿、坐姿、蹲姿等方面也同样有要求的标准。在遇到乘客掉落物品时，站务工作人员捡拾物品的姿态我们也有要求。为了达到服务的标准，站务人员每天刻苦训练，每天的礼仪练习时间不少于 1 小时。

如何应对突发情况，也是站务员们训练的一个重要内容。负责人介绍说，针对其他城市地铁已发生的突发情况，或是可能发生的情况，客运中心都有相应的预案，站务员以此进行模拟演练。比如车辆起火、车站进水等，站务员要掌握如何应对及疏导乘客。训练主要有两种方式：一是口述应对流程，熟悉各环节工作内容；二是实际情况模拟，让站务员掌握应对的本领。待载客运行后，18 座车站将针对客流群体和地域环境等，推出不同的特色服务。比如黑龙江大学站，学生较多，将以贴近学生的服务为主；而博物馆站，客流量大，且商业购物人士较多，将针对人群特点进行服务。

任务一 站台客运服务工作

【任务描述】

站台是乘客上下车的场所，是车站的关键岗位之一，在客流量大的时候容易发生混乱。同时，由于站台上人来人往，容易发生安全事故，因此，站台服务要与安全紧密联系起来。

本任务是根据乘客在站台候车、上下车过程可能出现的各种情况展开优质服务。

① 引导不同乘客安全有序地乘降。

② 制止并处理乘客的不安全行为。

③ 监控列车运行状态及候车乘客的动态。

项目四 城市轨道交通车站客运服务

【学习目标】

目标	目标内容
知识目标	了解站台服务的基本职责及作业程序
	掌握站台服务常见问题的处理方法
	熟悉并掌握站台站务员岗位职责
技能目标	能正确操作站台各类设备设施
	能独立接发列车
	能够根据实际情况，正确处理特殊乘客服务
素养目标	树立严谨的岗位安全责任意识
	具有科学的安全应急处理能力

【知识准备】

一、站台站务员岗位职责

站台站务员岗位职责如下：

1）制止乘客违反地下铁道管理条例的行为。

2）随时注意站台乘客的动态，当列车进站时应于站台扶梯口靠近紧急停车按钮附近站岗，防止乘客在关门时冲上车被夹伤，负责维护站台秩序，监督司机按规范动作关门。

3）向乘客宣传不要倚靠站台门，维护站台秩序，组织乘客有序乘降。

4）检查站台乘客候车动态，发现有违反地铁规定的行为要及时制止。

5）帮助乘客，回答乘客询问，关注老年及行动不便乘客的动向，指引其走楼梯，必要时扶助其上车、乘扶梯。

6）列车到达间隔巡视整个站台，发现问题及时采取相应处理措施。

7）车门（或站台门）关门时，确认其运作情况，发现车门（或站台门）未关闭好时第一时间通知司机，并及时汇报车控室，负责处理故障站台门，需要时采取相应应急措施。

8）必要时，按规定或应司机要求确认站台安全后向司机显示"好了"信号。

9）站台岗与司机之间有互联互控的责任，发生异常情况时呼叫司机，司机必须回应；司机要求车站协助时，车站须即时向司机提供（如URM〈非限制式人工驾驶模式〉监控、车门故障时随车防护等）。

二、站台岗作业程序及标准

1. 班前

1）上岗前到车控室签到，查阅"当班情况登记本"的内容记录，由值班站长交代工作注意事项。

87

2）领取工作钥匙：监控亭钥匙、通道门钥匙、站台门钥匙，在"钥匙借用登记本"上登记。领取对讲机，在"备品领（借）用登记本"上登记。

3）到岗后，检查备品齐全完好（包括监控亭），与上一班交接完毕向车控室汇报。

2. 班中

1）站台岗的人员要来回巡视站台，引导乘客按排队箭头候车、上下车。

2）按照站台岗作业标准监视列车接发（图4-1-1），站台门即将关闭时，提醒并制止乘客不要冲上车，以防夹伤，同时应密切监控站台门开关状态。

图 4-1-1　站台岗接发列车

3）主动疏导聚集在一端的乘客到较空的地方候车，关注乘客动态，提醒乘客不要挤靠站台门。

4）根据车站要求与厅巡人员换岗。

5）发现站台发生异常情况（包括列车到站时间不正常），影响车站的正常运作，马上报车控室，并按指示逐步处理。

6）接完最后一趟载客列车后，负责将站台乘客请到站厅，并通知厅巡人员约有多少人上站厅。

3. 班后

1）与下一班交接班，把工作备品（监控亭钥匙、站台门钥匙、通道门钥匙）交接，并在相应台账上记录。

2）参加班后总结会。

3）阅读完当天文件或规章，到车控室签名下班。

三、站台服务的基本要求

站台服务的基本要求如下：

1）必须佩戴工号牌，做到仪表整洁、仪容端庄。

2）工作时，精神饱满、思想集中。

3）列车驶入本站时，要面向车的方向站立，需要清客的待车停后上车清客（一般为终点站），不需要清客的需要维持乘客上车秩序；发车时面向车门站立，待车开离本站才能离开。

4）确保站台卫生清洁，无杂物、纸屑、积水，发现站台不清洁或有积水时，立即通知保洁人员处理，并在有积水处放置"小心地滑"的告示牌。

5）站内员工应特别提醒家长带好自己的小孩，不要让他们在站台上奔跑，及时上前制止正在追逐打闹的儿童，用人工广播强调："地面很滑，容易摔倒，请家长带好小孩，不要在站内追逐、打闹、奔跑。"

6）注意站台设备的工作状况，如果发生故障，应及时维修，以免给乘客带来不便。

7）注意乘客安全，个别乘客站在安全线以内时，应给予适当提醒。协助乘客安全进、出车厢，维持站台秩序，方便开、关车门。

8）对候车人员要做到热情服务、重点照顾。注意乘客候车动态，及时发现乘客异常，防止乘客跳下站台、进入隧道，积极疏导宣传，维护本站正常的候车秩序。

9）列车进站前，确认线路无障碍，并引导乘客站在安全线内候车。若发现轨道上有异物或有危及列车安全运营和乘客安全的情况，立即向司机发出停车信号或按下紧急按钮，向行车值班员汇报。

10）列车关门时，密切注意列车车门状态。如果出现车门关闭不上或者夹人、夹物的情况，应及时协助司机采取必要的措施。

11）列车起动后，注意乘客候车动态及列车的异声、异味、异态。如果有异常，及时通知车站站长或行车值班员。

12）遇有清车或列车不停本站时，对需要继续乘车的乘客要做好解释工作，让乘客乘坐下次列车。

四、站台客运服务内容

1. 候车服务

（1）指引乘客按候车标志候车（图 4-1-2） 在站台层的适当位置应设置本站站名、列车前方车站与终点站的标志。其中，本站站名应使运行列车中的乘客能通视。因楼梯、设备用房等设施隔断视线的，相应的部位应增设站名标志。

（2）帮助站台上老人、精神异常等特殊乘客乘车 在力所能及的范围内，帮助乘客解决乘降过程中遇到的问题，特别要帮助老、弱、病、残等特殊乘客。

发现有老人、儿童候车，应重点留意并指引他们到座位上等候。

发现有精神异常的乘客，立即通知车控室处理，并重点留意他们的动态，同时加强维持站台的候车秩序。

发现有身体不适的乘客，应主动上前询问情况，并指引他们到座椅上休息，若乘客感到很不适，立即通知车控室处理。

2. 下车出站服务

乘客下车后，站务人员指引乘客乘坐电梯到站厅。车站通过电梯扶手处张贴宣传画、乘电梯守则和站厅广播等向乘客宣传"右侧站稳，左侧通行"。

图 4-1-2　站台黄色安全线

站台岗员工注意下车乘客的动态，若发现有逗留在车站的乘客，应主动上前询问情况，礼貌地告诉乘客不要在车站逗留，要尽快出站。

3. 安全服务

1）对站在黄色安全线边缘或蹲姿候车、倚靠站台门的乘客进行安全教育。

2）劝阻乘客吸烟。

3）制止儿童在站台的追逐、打闹。

4）帮助乘客捡拾掉下轨道的物品。

5）做好由于列车晚点导致延误乘客时间的解释工作。

6）维持站台候车秩序。

7）正确处理乘客的纠纷、打架事件。

8）发现道床有伤亡情况的处理。

立即按下紧急停车按钮，并通知车控室或车站站长；在车站站长指派下寻找目击证人，下站线确认伤亡情况，协助警方清理现场并维持好站台秩序。

4. 监控服务

监控列车运行状态及候车乘客的动态。

五、站台岗位服务技巧

1. 站务员站台服务应做到"四到""四多"和"三勤"

（1）"四到"

1）心到：精神高度集中，随时应变异常。

2）话到：提醒乘客按排队箭头候车，不要越出黄线，礼貌疏导客流，及时进行安全广播，向违章乘客解释制止。

3）眼到：三步一回头，密切注视乘客动态、安全门工作状况及列车运行状态。

4）手到：是指站务员要主动处理问题。

（2）"四多"

1）多监控：密切监视站台乘客情况及安全门工作状况，必要时采取合理措施。

2）多巡视：沿安全线内侧来回巡视乘客和线路情况。巡视时做到认真、细致、周全和及时。

3）多联系：多观察设备和乘客动态，发现异常情况及时与司机、车控室及其他岗位联系，做出正确处理。

4）多提醒：主动通过人工广播提醒看管好物品，看好儿童，不得跑闹、追逐、不得拥挤，到人少的一端候车，先下、后上等。

（3）"三勤" 在站台上发现乘客伤亡事件或其他异常情况时，及时寻找目击证人并记录；遇蛮横不讲理的乘客及时与值班站长、公安联系，切莫与该乘客正面发生冲突；站台工作人员在车门亮灯即将关闭时靠近扶梯，以防乘客从上冲下造成夹人的危险，站台客流不均匀，要及时引导与控制，以防乘客拥挤。

2. 站务员处理乘客事务应遵循"及时、客观、公正"的原则

当乘客表示有意见时，应主动查找自身问题，给乘客一个及时的回应，做到文明礼貌，不直接否定乘客的观点。涉及乘客人身安全的事务应第一时间通知上级人员到场处理，并做好乘客安抚工作。乘客不接受解释时，应请乘客稍等，通知上级人员到现场处理。

3. 避免服务纠纷的办法

全体站务人员应具备预防服务冲突的两种优良品质，即宽容大度、与人为善。

（1）处理问题时应注意方式、方法

1）易地处理：将乘客请至房间内或僻静处处理，给乘客面子。

2）易人处理：必要时，交于其他站务员或值班站长处理。

3）易性处理：原则性与灵活性有机结合。

（2）工作应避免讲的话 顶撞、教训乘客的话不说；埋怨、责怪乘客的话不说；口头话、粗话不说；刺激乘客过头话不说。

（3）工作应避免的行为

1）对乘客问询不准不理不睬。

2）对违反地铁有关规定的乘客，不准有推、拉、拽行为。

3）罚款时，不准收钱不给凭证。

4）因地铁原因造成乘客伤害时，不准推诿扯皮。

> **知识拓展**
>
> **站台排队候车五部曲**
>
> 第1步：请乘客按照指示标志排队候车。
> 使用时机：列车未到站，维持站台候车秩序。

规范用语：请乘客按箭头指示排队候车，先下后上，多谢合作！

第2步：请先下后上，不要拥挤。

使用时机：列车到站，劝阻乘客不要拥挤。

规范用语：请乘客先下后上，不要拥挤，多谢合作！

第3步：请乘客先下后上，注意安全。

使用时机：列车到站开门后，引导乘客下车并劝阻乘客不要抢着上车。

规范用语：请乘客先下后上，注意安全，多谢合作！

第4步：请乘客抓紧时间上车，上车后往车厢中部走。

使用时机：列车到站开门，引导乘客上车。

规范用语：各位尊敬的乘客，列车到站，请先下后上，注意安全。下车的乘客请抓紧时间，上车的乘客请往车厢中部走，请照顾好随行的老人及儿童，请为有困难的乘客让座！

第5步：车门即将关闭，请留意您的衣物，谨防被夹。

使用时机：列车灯闪即将关门，阻止乘客抢上。

规范用语：车门即将关闭，请留意您的衣物，谨防被夹。

【任务实施】

站台服务场景处理训练

一、任务描述

学生按6~8人一组进行分组，分组实施（乘客组、工作人员组），利用所学知识帮助处理以下问题：

场景1　一位乘客在站台候车时吸烟，工作人员提醒未果。

场景2　乘客在车门即将关闭时冲向车门。

二、任务要求

1）查阅地铁公司相关安全管理政策。

2）根据案例情境和岗位要求自行设计对白和脚本。

3）结合乘客站台服务要求，恰当处理上述场景。

【任务评价】

任务评价表见下表。

项目四　城市轨道交通车站客运服务

任务评价表

评价项目	评价标准	得分	备注
整体分（30 分）	1）案例场景设置合理，符合实际（15 分）		
	2）角色安排合理（15 分）		
对白与脚本（40 分）	1）脚本完整、可行（20 分）		
	2）内容符合站台服务要求（20 分）		
场景模拟流程（30 分）	1）各岗位均正确执行脚本流程（15 分）		
	2）情景模拟流程顺畅、完整（15 分）		

【学习小结】

本任务主要介绍站台站务员岗位职责、站台岗作业程序及标准、站台服务的基本要求、站台客运服务内容、站台岗位服务技巧等内容，通过对相关内容的学习与了解，学生能够提前对站务员岗位有所认知，对适应工作环境起到了衔接作用。

【知识巩固】

一、填空题

1. 站台岗上岗前到_____签到，查阅"当班情况登记本"的内容记录，由值班站长交代工作注意事项。
2. 站台岗发车时_____车门站立并敬礼，待车开离本站才能离开。
3. 站台岗发现道床伤亡的处理：立即按下_____，并通知车控室或_____；在车站站长指派下寻找目击证人，下站线确认伤亡情况，协助警方清理现场并维持好站台秩序。

二、判断题

1. 列车驶入本站时，站台岗要面向车的方向站立，需要清客的待车停后上车清客。　　　　　　　　　　　　　　　　　　　　　　　　　　　（　　）
2. 列车进站前，站台岗应确认线路无障碍，并引导乘客站在安全线内候车。（　　）

三、简答题

1. 简述站台主要导向标志。
2. 简述站台站务员的"四到""四多"和"三勤"。
3. 试举例说明客运服务的不规范现象。

任务二　站厅客运服务工作

【任务描述】

站厅是城市轨道交通车站的窗口,其服务水平是乘客对车站服务产生深刻印象和做出评价的重要依据。客运服务人员只有掌握站厅服务相关岗位职责、作业标准和作业流程等,才能提高站厅服务质量,减少乘客投诉的发生。

本任务是根据乘客在站厅安检、购票、检票过程可能出现的各种情况展开优质服务。

1) 引导不同乘客有序通过安检。

2) 制止并处理乘客的不安全行为。

3) 正确引导乘客购票、检票。

【学习目标】

目标	目标内容
知识目标	了解站厅服务的基本职责及作业程序
	掌握站厅服务常见问题的处理方法
	熟悉并掌握站厅站务员岗位职责
技能目标	能正确操作站厅各类设备设施
	能引导乘客有序安检、购票和检票
	能够根据实际情况,正确处理特殊乘客服务
素养目标	具有较好的耐心完成岗位工作
	树立严谨的岗位安全责任意识

【知识准备】

一、站厅站务员岗位职责

站厅站务员岗位职责如下:

1) 发现乘客携带超长、超大、超重物品时,应禁止其进站,并做好相应的解释。

2) 发现精神不正常的乘客时,应该禁止其进站乘车,并及时汇报车控室,必要时请求警务人员或同事协助,保证自身安全。

3）帮助乘客、回答乘客问询，特别注意帮助老、弱、病、残等有困难的乘客。

4）引导乘客正确操作票务设备，巡视车站自动售检票设备的运行情况，协助票箱、钱箱的更换或清点工作。

5）负责巡查站厅、出入口，保证设备、设施的正常运行。做好相关巡视记录，发现安全隐患时应及时报修，发现有故意损坏地铁设备的应及时制止，并上报车控室。

6）留意地面卫生，发现积水、垃圾和杂物等时，应及时通知保洁人员处理，摆放"小心地滑"牌（图4-2-1），防止乘客摔倒。

图 4-2-1　摆放"小心地滑"牌

7）站厅、出入口发生治安安全事件时，应及时赶到，保护现场，寻找两名及以上目击证人。

8）负责站厅、出入口的客流组织工作，防止乘客聚集拥挤，必要时采取相应的客流组织。

9）负责更换钱箱、票箱，引导不能正常进、出闸机的乘客到客服中心解决问题。

10）关注乘客动态，如果发现违反地铁规定的行为，应及时进行制止。

二、厅巡岗作业程序及标准

厅巡岗作业程序及标准如下：

1）厅巡岗的人员上岗前到车控室签到，了解当天工作注意事项和学习有关通知内容。

2）领取相关钥匙及备品，包括扶梯钥匙、边门钥匙、站台门钥匙及备品间钥匙，站台站厅应急卡、对讲机，并在"钥匙借用登记本"和"车站备品领（借）用登记本"上登记。

3）带齐工作备品准时到岗。

4）工作中的注意事项如下：

① 巡视岗的人员上岗后，立即对站厅、出入口完整巡视一遍，之后每小时巡视一次，按巡视制度对车站的各项设施进行巡视，并向车控室汇报。

② 引导乘客正确操作自动售检票设备，注意自动售检票设备的故障情况，若发现问题及时汇报车控室，并通知自动售检票设备维修人员到站维修并在故障设备前放置"暂停服务"牌。

③ 认真解答乘客的问询，给予乘客正确的指引，如果遇到自己不懂的问题，可向其他同事请教，然后为乘客解答，认真落实"首问责任制"。

④ 执行"防止单程票流失控制措施"，在每趟列车到站后对出闸机进行检查，对站厅其他地方定时检查，如进闸机、自动售票机等，发现有单程票遗留时及时投放到意见箱或单程票回收箱（图4-2-2）。

⑤ 对乘客违反乘车规定的行为进行制止。

⑥ 检查乘客使用特种车票情况，抽查使用特种车票的乘客是否符合规定，发现不按规定使用者按章处理。

图 4-2-2　检查乘客使用车票情况

⑦ 注意站厅所有人员的动态，防止影响车站正常运营的事情发生。

⑧ 离开岗位必须得到车控室的同意。

⑨ 当票亭工作压力较大出现乘客排长队时，要协助票亭疏导排队客流，做好对乘客的及时引导并将情况报告给车控室。

⑩ 听从车控室的安排，协助车站处理突发的各项工作。

⑪ 按规定与售票员进行交接、顶岗吃饭。

⑫ 按照车站要求协助进行设备区房间清洁工作。

⑬ 协助客运值班员更换自动售票机钱箱、闸机票筒等。

⑭ 听从值班站长安排，协助完成其他工作或学习文件。

三、站厅服务的基本要求

站厅服务的基本要求如下：

1）不断巡视站厅设备、扶梯的运行情况和乘客进、出站情况等，及时、主动地向有困难的乘客提供服务。

2）根据需要配合解行、送币、处理乘客事物及帮助、引导进出站车票有问题的乘客到客服中心。

3）负责站厅边门的管理，对由边门进、出的人员进行如实汇报和严格登记。

4）积极疏导乘客，要特别注意突发暴风雨等特殊情况时，乘客拥向出入口堵塞通道等特殊情况。

5）及时向值班站长、值班员报告异常情况和问题。

6）制止并处理乘客违反相关规则的行为，阻止乘客携带"三品"进站。

7）看到有特殊乘客进站及时通知有关岗位，对老年、儿童和行动不便的乘客要指引其走楼梯，以避免客伤事件发生。

8）厅巡人员及时向值班站长汇报客服中心、临时票亭和自动售票机前乘客排队的人数，以便值班站长做出决策。

9）积极引导进站乘客到乘客较少的票务中心、自动售票机、闸机等处购票、进/出站。

10）负责监督工作区域内的卫生情况，若发现问题，立即整改。

11）自动售票机、闸机、扶梯故障时，及时摆放"暂停服务"牌，并向车控室报告。

四、站厅客运服务内容

1. 站厅安全检查服务

轨道交通车站采用的是封闭式站厅，有高密度、人流聚集的特点，轨道交通运营的列车也是全列封闭车厢，所以对乘客携带物品的安全性提出了很高的要求。为了确保乘客在出行过程中生命及财产不受威胁，车站的安全检查工作必须严格规范。

安全检查作为与乘客安全息息相关的一项工作，必须严格规范执行。

检查人员应该以规范的服务流程完成安全检查工作，具体流程如下：

1）迎接：检查之前，应主动提示："您好，请接受安检，谢谢您的合作。"

2）操作：检查时，应主动伸手帮助乘客把包放到检测仪上或抬到桌子上。

3）告别：检查之后应向乘客表示感谢："感谢您的配合，请您慢走。"并帮助乘客把行李从检测仪上拿下来。

2. 售检票服务

（1）乘客初次使用车票时

1）耐心地告诉并指导乘客："请您在××区域刷卡，出站时票卡需要回收，请妥善保管，谢谢您的合作。"

2）必要时协助乘客使用票卡，注意不要影响其他乘客进出闸机。

（2）当乘客携带大件行李时

1）礼貌地和乘客沟通，建议其使用直梯或走楼梯："您好，您的行李较多，为了您的安全，请使用宽闸机，谢谢您的配合。"

2）引导其从宽闸机进站/出站（图4-2-3）。

图4-2-3 地铁宽闸机通道（图中最左侧闸机通道）

（3）当发现成人、身高超过1.3米的儿童逃票或违规使用车票进站时

1）应立即上前制止，并要求其到售票处买票："对不起，您的孩子身高超过了1.3米，请您买票，谢谢您的配合！"

2）若发现违规使用车票的乘客，可按法制程序执行，必要时寻求驻站公安民警配合处理。

（4）发现乘客刷卡正确，但刷卡无效时

1）先了解情况，礼貌地向乘客询问是否已经刷过卡。

2）如了解情况后，仍不能解决，则需要安抚乘客："您别着急，我帮您查询一下。"

3）引导乘客到客服中心或补票亭进行查询，礼貌地用手掌指示前往的方向。

4）若情况许可，最好能陪同乘客前往解决问题，以免乘客重复提出问题和需要。

5）服务中注意使用文明用语"请跟我来，请这边走，谢谢您的配合等"。

（5）当乘客出站卡票时

1）先安抚乘客："您别着急，我们马上为您解决。"

2）查看闸机的状态，发现确实卡票，则按规定办理。

3）找到车票后，向乘客询问该车票的信息，确认车票是否为该乘客的，并做好相应的解释和道歉工作。

4）若车站计算机没有报警，打开闸机也没有找到车票，请自动售检票系统维修人员到现场确认。如情况属实，对乘客做好解释工作。

（6）当乘客第一次使用自动售票设备时

1）耐心指导乘客如何使用自动售票设备，尽量让乘客自己操作，注意避免直接接触乘客财物，以免发生不必要的纠纷。

2）耐心指导乘客如何刷卡进站，并提醒乘客要妥善保管票卡，出站票卡需要回收。

（7）当乘客使用自动售票设备出现卡币时

1）检查设备状态，如显示卡币，则向乘客道歉并按票务管理规定办理。

2）如显示正常，则按有关规定开启设备维修门，确认有卡币现象后，立即向乘客道歉："对不起，设备出现故障，请您谅解，我会马上为您处理。"

3）如打开维修门后，确认没有出现卡币现象，则向乘客解释："对不起，经我们核查，目前机器没有出现故障，按照规定我们不能为您办理，请您谅解和合作。"

（8）当乘客使用自助售票设备出现卡票时

1）检查设备状态，如显示卡票，则按规定办理。

2）如显示正常，则打开维修门进行查看；如出现卡票现象，则立即向乘客道歉："对不起，我们立即为您重新发售车票。"

3）如打开维修门后，发现没有卡票现象，则由工作人员向乘客做好解释工作，必要时，可以交给值班站长处理。

（9）当发现售票亭处排队乘客过多时

1）主动进行宣传引导："现在购票乘客较多，您可以使用自动售票机购票或充值。"

2）征得乘客同意，引领乘客："您好，大家请跟我来。"

3）对乘客的配合表示感谢："谢谢大家的配合。"

（10）单程票发售服务常见问题处理

1）乘客用于支付的纸币出现残缺。

当乘客用于支付的纸币出现残缺时，应按照以下规定处理：

① 不接受缺损 1/4 以上的纸币。

② 不接受辨认不清面值的纸币。

③ 除上述两种情况外，所有人民币都应该按规定收取（再小的零钱也要接受，无论数量多少）。

④ 如乘客用于支付的残钞按规定不能接受时，站务人员应在拒绝收取的同时，礼貌地向乘客解释原因："对不起，您支付的纸币×××××，麻烦您换一张，谢谢合作。"

2）乘客用于支付的是假钞。

当发现乘客用于支付的是假钞时，应尽量避免让乘客感到难堪：

① 不告诉乘客是假钞，只要求乘客更换："不好意思，请您换一张纸币。"

② 如果提醒无效，应向乘客解释原因："不好意思，您支付的纸币不能被设备识别，麻烦您换一张，谢谢合作。"

③ 如果乘客拒绝更换纸币，以致干扰到正常服务时，可以报告值班站长或请求公安协助。

④ 如遇到数量较多的假币，应立即报告值班站长或请求公安出面处理。

3）找不开零钱时。

当遇到找不开零钱时，不要直接建议乘客去别处的售票亭购票或充值。

① 应礼貌地询问:"对不起,请问您有零钱吗?"

② 如果乘客没有零钱,应向乘客表示抱歉:"对不起,这里的零钱刚找完,请您稍等,我们马上备好零钱或麻烦您到对面的票亭兑换。"

4)当乘客在客服中心窗口前排起长队时(图4-2-4)。

当发现乘客在客服中心窗口前排起长队时,一定要对乘客进行适当的安抚:

① 对等待已久的乘客或感觉不耐烦的乘客要说:"对不起,请您稍等,我们会尽快为您办理。"

② 如果需要较多的时间接待某位乘客,可以向其他同事请求帮助。

③ 假如排队的乘客中有投诉时,应先说:"不好意思,让您久等了,我会尽快帮您处理。"

5)发现有乘客插队时。

当发现有乘客插队时,应用礼貌但又坚定的语气告诉他:"请您按顺序排队,我们会尽快为您服务的。"

图4-2-4 乘客排队购票

(11)乘客所持单程票无法正常出站

1)首先,要安抚乘客,表示道歉。

2)简单查询票卡的基本信息,如果无法识别,则免费换取出站票。

(12)乘客因使用不当造成单程票卡明显损坏

1)首先,应适当地安抚乘客:"很抱歉,您的票卡已经损坏,无法正常刷卡。"

2)要求乘客支付付费出站票费用,向乘客耐心解释车站的规章制度。

3)帮助乘客换取出站票出站。

(13)当乘客要求退票时 如果线路运营正常,则应按照城市轨道交通运营企业的相关规定进行处理,处理方法如下:

1)首先,查询乘客票卡是否已经使用。

2)如乘客票卡未使用,且为本站发售,则按规定为乘客办理退票。

3)如乘客票卡已使用或为其他车站发售,向乘客说明车站的票务政策,并向乘客表示歉意:"对不起,按照规定,我们不能帮您退票。"

如果线路运营发生故障,具体处理方法如下:

① 安抚乘客情绪,并向乘客表示歉意:"对不起,请稍等,我们马上为您处理。"

② 立即上报值班站长,经值班站长允许后按规定办理退票。

五、站厅岗位服务技巧

1)多看、多听、多巡、多引导。

多看:看有无异常情况,看有无需要帮助的情况和需要处理的设备故障。

多听:听乘客对服务的意见、建议。

多巡视:多走动、巡视了解站厅客流情况,留意乘客动态。

多引导:引导乘客到临时票亭及乘客较少的一端购票乘车。

2)多名乘客同时求助时,根据实际情况分轻重缓急依次处理,必要时可报告给车控室,不得对乘客不理不睬。

3)受到乘客的责骂、殴打时,应做到"打不还手,骂不还口",同时注意进行自我保护,若乘客行为危及车站客运服务人员人身安全,应及时报警处理。

4)高峰期巡视岗人员巡视站厅时,应统一配手提广播器上岗,在客流引导时声音不宜过大,要吐词清晰、积极主动,不得拿广播器对着乘客喊话,使用广播录音功能时不得连续播放。

5)巡视岗人员要及时提醒车控室查看自动售检票设备中的钱箱、票筒情况,以便在乘客较少时及时更换。

6)巡视岗人员能解决的问题要及时、果断处理,避免处理时间过长;不能处理的问题应及时通知值班站长。

 知识拓展

地铁站厅首次设置爱心候车区　其实武汉地铁还有这些贴心服务

连日来,经汉口火车站抵汉通过免安检通道乘坐地铁的乘客可以发现,在地铁汉口火车站的站厅一处角落,开辟出两个桌子、六把椅子组成的爱心候车区。这是武汉地铁首次在站厅设置候车区,在全国也不多见。

众所周知,地铁站厅作为客流进出频繁的流通场所,是不适合设置让人停留的候车区的。全国地铁包括武汉地铁的候车椅凳,都设置在站台,方便乘客短暂停留。

地铁汉口火车站这一打破常规之举,有其特殊性和实用性。设置爱心候车区的想法是由该站中心站站长、全国劳模姚婕提出来的。"地铁汉口火车站客流向来较大,我们在巡站时,常常看到一边是年轻人去自助售票机买票,老人或儿童就蹲在另一边的地上等候。"姚婕说,她当时就想,能不能设置一个小范围、让等待的老人和儿童有个可以坐的地方。

资料来源:长江日报,2021年4月8日

【任务实施】

站厅服务场景处理训练

一、任务描述

学生按6~8人一组进行分组，分组实施（乘客组、工作人员组），利用所学知识帮助处理以下问题：

场景1　一位乘客购票时使用假钞并拒绝更换。

场景2　乘客认为售票员少找零，要求售票员退回少找的零钱。

二、任务要求

1）查阅地铁公司相关票务政策。

2）根据案例情境和岗位要求自行设计对白和脚本。

3）结合乘客站厅服务要求，恰当处理上述场景。

【任务评价】

任务评价表见下表。

任务评价表

评价项目	评价标准	得分	备注
整体分（30分）	1）案例场景设置合理，符合实际（15分） 2）角色安排合理（15分）		
对白与脚本（40分）	1）脚本完整、可行（20分） 2）内容符合站厅服务要求（20分）		
场景模拟流程（30分）	1）各岗位人员均正确执行脚本流程（15分） 2）情景模拟流程顺畅、完整（15分）		

【学习小结】

本任务主要介绍站厅站务员岗位职责、安全检查、售检票服务作业程序及标准，并讲解了站厅服务的基本要求及岗位服务技巧等内容，学生通过对相关内容的学习与了解，提前对站务员岗位有所认知，对适应工作环境起到了衔接作用。

【知识巩固】

一、填空题

1. 厅巡岗人员认真解答乘客的问询，给予乘客正确的指引，如果遇到自己不懂的问题可向其他同事请教，然后为乘客解答，认真落实_____。

2. 当设备出现故障时，应主动摆放_____牌，并及时上报维修。

3. 高峰期巡视岗人员巡视站厅时，应统一配_____上岗，在客流引导时声音不宜过大，要吐词清晰、积极主动，不得拿广播器对着乘客喊话，使用广播录音功能时不得_____。

二、判断题

1. 当乘客第一次使用自动售票设备时，应耐心指导乘客使用自动售票设备，并直接使用乘客的现金帮助乘客购票。（　　）

2. 厅巡人员应以乘客排队人数10人为临界点，及时向值班站长汇报客服中心、临时票亭和自动售票机前乘客排队的人数，以便值班站长做出决策。（　　）

三、简答题

1. 简述当乘客第一次使用自动售票设备时，需要为乘客提供的服务。
2. 简述站厅站务员的"四多"。
3. 试举例说明客运服务的不规范现象。

任务三　特殊乘客服务

【任务描述】

乘客在乘车过程中，难免会遇到突发状况。当突发事件发生时，乘客和其身边的人员通常会感到不安和慌乱，在这种情况下，应根据现场情况进行灵活处理，并且要充分考虑乘客的心理，避免出现尴尬情况。

本任务针对乘客出行过程中出现特殊情况及特殊乘客出行需求进行介绍，增强车站工作人员应急处理能力及综合响应能力。

【学习目标】

目标	目标内容
知识目标	了解特殊乘客服务的基本要求
	熟悉并掌握乘客出行特殊情况处理方法
技能目标	能正确处理乘客特殊情况
	能够根据实际情况，正确处理特殊乘客服务
素养目标	树立严谨的岗位安全责任意识
	具有科学的安全应急处理能力

【知识准备】

一、乘客突发情况

1. 乘客突发疾病时

1）先主动上前查看乘客的情况，适当地安抚和询问："您好，您哪里不舒服吗？""需要帮您叫救护车吗？"

2）征得乘客或其家属的同意后，及时与急救中心联系，必要时可以请求其他工作人员到车站出口迎候急救人员，并宣传疏导周围乘客，保障各通道都畅通无阻，为乘客的治疗争取时间。

3）协助医护人员将乘客送上救护车。

2. 当有乘客走失时

1）首先做好安抚工作。

2）了解情况（走失人员的性别、年龄、特征、走失时间、乘车路线等）并进行登记。

3）利用广播在车站内协助寻找，如未找到，可上报至线网指挥中心在全线进行广播寻找，必要时在征得乘客同意后，协助乘客通知公安部门找寻。

3. 乘客在车站内发生伤害（如被车门夹伤、在扶梯处摔倒）等情况时

1）安抚乘客情绪，了解受伤状况，对伤口进行简单的消毒处理。

2）当乘客提出要去医疗机构检查的要求时，应按照地铁相应规定进行处置，必要时应该让工作人员同乘客一起去医疗机构就诊。

3）在处理乘客伤害过程中，切忌推诿或拒绝其就医要求。对未受到伤害的乘客，要耐心地向乘客解释，讲明公司的规定，必要时，向上级报告，求得解决办法。

4. 当乘客被困在故障垂直电梯时

1）接到求救信息后要与乘客沟通，确认电梯内人员数量和人员情况，上报电力调度员和维修调度员，通知设备维保人员，并提醒乘客在接到指示之前不得进行任何操作（如扒开电梯门等）。

2）通过电梯内的通信装置先稳定乘客情绪，注意与乘客沟通，安慰乘客，让乘客保持镇定，并告知维修人员将马上进行维修。

3）故障电梯应立即停用，放置"暂停服务"牌。

4）等待专业救援人员进行维修和救援。

二、特殊乘客服务

1. 老年人

1）在售票过程中，应放慢语速，音量适当放大但不刺耳，以免惊吓到老年乘客，服务全过程需要耐心提示，悉心帮助。

2）在进出站时，应礼貌地建议年老的乘客搭乘直梯或走楼梯，如果乘客坚持搭乘自动扶

梯,则由工作人员陪同老年乘客一起搭乘自动扶梯。

2. 儿童

1)年幼的乘客只有在大人陪同下才可以进入车站,提醒乘客遵循儿童在前、大人在后的刷卡进站原则。

2)要特别关注儿童乘车,适时提醒看护人照看好儿童,避免儿童因快跑、攀爬,与其他乘客发生碰撞受伤或摔伤。

3. 残疾人

1)由出入口进入站厅。如果有直梯,帮助残疾乘客乘坐直梯;如果没有直梯,则安排并帮助乘客乘坐残疾人牵引机(图4-3-1)。

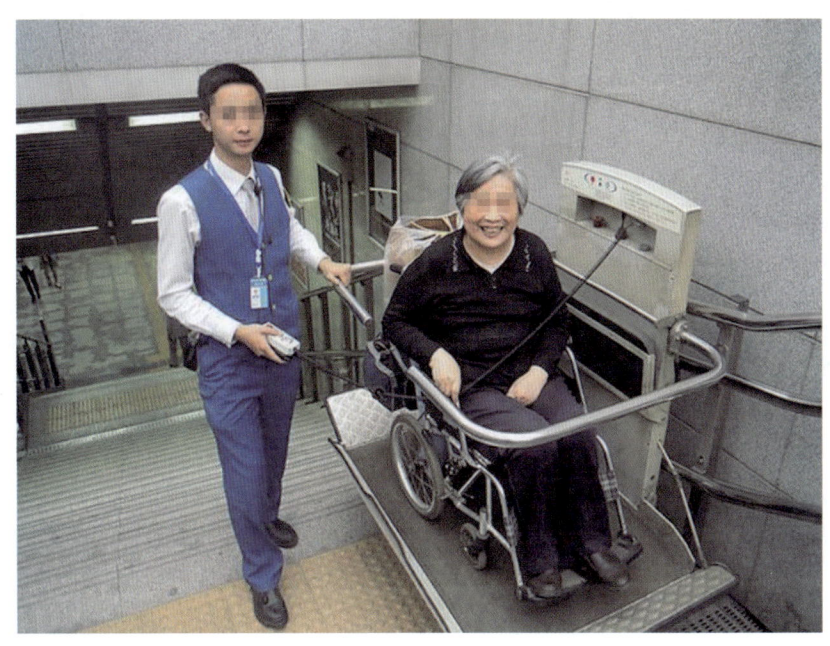

图4-3-1 工作人员使用残疾人牵引机

2)引导与陪同。在推行轮椅的过程中应注意行进速度和稳定性;在轮椅陪护过程中应减少对其他乘客的妨碍,轮椅行进过程中提示周围乘客避让。

3)协助安检。引导乘客至安检位置,对乘客的行李和轮椅进行检查,尽可能由同性别的工作人员完成,并给予乘客足够的尊重。

4)协助乘客进出付费区。引导乘客至售票处,带乘客完成购票,引导乘客从宽通道进出付费区,并帮助其刷卡。

5)协助上、下车。引导乘客至划定的站台无障碍候车区域,引导其他乘客到相邻车门排队候车。上车时,要将乘客护送至车厢内无障碍专用位置,确认轮椅已经制动或与列车上专用挂钩固定,并提醒乘客坐稳扶牢,告知乘客目的地站会有站务人员迎送。

6)通知目的地车站的工作人员该乘客所乘车次号、运行方向、发车时间、所在车门位置、乘客外貌特征等,目的地站做好迎接准备。

【任务实施】

特殊乘客服务场景处理训练

一、任务描述

学生按 6~8 人一组进行分组,分组实施(乘客组、工作人员组),利用所学知识帮助处理以下问题:

场景 1　一位盲人乘客在 A 站欲前往 B 站。

场景 2　一位女性乘客向站台岗人员反映其 3 岁的孩子在列车上未下车。

二、任务要求

1)查阅地铁公司无障碍预约服务流程及寻人服务流程。

2)根据案例情境和岗位要求自行设计对白和脚本。

3)结合乘客站台服务要求,恰当处理上述场景。

【任务评价】

任务评价表见下表。

任务评价表

评价项目	评价标准	得分	备注
整体分(30分)	1)案例场景设置合理,符合实际(15分)		
	2)角色安排合理(15分)		
对白与脚本(40分)	1)脚本完整、可行(20分)		
	2)内容符合特殊乘客服务要求(20分)		
场景模拟流程(30分)	1)各岗位均正确执行脚本流程(15分)		
	2)情景模拟流程顺畅、完整(15分)		

【学习小结】

本任务主要介绍车站客运服务工作过程中针对特殊人群或乘客出现突发情况时的工作要求,对该类情况下服务目标及服务宗旨有明确认识,通过对相关内容的学习与了解,学生应能提高应急处理能力。

【知识巩固】

一、填空题

1. 协助残疾人乘客上车后，站台岗应将该乘客_____、_____、发车时间、_____、乘客外貌特征等告知目的地站，目的地站做好迎接准备。
2. 有乘客走失时，应首先了解走失人员的性别、_____、_____、_____、乘车路线等信息，并进行登记。

二、判断题

1. 乘客突发疾病时，车站工作人员应立即拨打急救电话，呼叫救护车。（   ）
2. 年老乘客在进出站时，如乘客坚持搭乘自动扶梯，则尊重乘客意愿。（   ）

项目五

城市轨道交通乘客事务处理

项目五　城市轨道交通乘客事务处理

【情境导入】

城市轨道交通作为普及度较高的公共出行方式，由于其服务对象广泛，在服务过程中，难免会出现乘客对服务不到位、不满意的投诉；也可能在乘客出行的行程中，由于运营企业原因或乘客个人原因导致乘客伤亡事件的发生。为避免因乘客投诉或乘客伤亡事件处理不及时导致的进一步损失，维护运营企业形象及声誉，车站必须做好乘客投诉及客运伤亡事件的处理工作。

任务一　客伤事件处理

【任务描述】

随着城市轨道交通行业的快速发展，由于运营线路、运营里程的不断增加，城市轨道交通在城市公共交通中所发挥的作用也日益凸显。客流量的增加使乘客拥挤、工作人员处置不当或机器设备故障导致客伤发生的概率也逐渐增加，因此，轨道交通工作人员需严格执行岗位工作标准及设备操作要求，尽可能避免客伤事件的发生，对待客伤事件也需严肃认真，避免造成不必要的乘客伤害。

本任务主要介绍客运伤亡事件产生的原因、处置的具体程序、方法与技巧，培养学生的安全责任意识，增强学生应急处理能力。

【学习目标】

目标	目标内容
知识目标	了解客伤发生的原因及处理原则
	熟悉客伤事故现场处理程序
技能目标	能够应对客伤事故发生并做好第一时间处置
素养目标	培养安全责任意识及应急处理能力

【知识准备】

一、客伤及导致客伤的原因

1. 客伤的定义

在城市轨道交通运营区域内，凡持当日当次有效的乘坐城市轨道交通凭证，从验票进站始至验票出付费区检票闸机处，由运营企业管辖的附属设施出口、自动扶梯、通道等区域内因乘客受伤构成的事故，称为客伤事故。

2. 导致客伤的原因

（1）**乘客自身原因**　在城市轨道交通设施设备正常运行情况下，由于乘客自身不注意，个人安全防范意识不足或其他个人因素造成的伤害，称为乘客自身原因产生的客伤事故。例如，乘客携带大件行李失去平衡摔倒、乘客抢上抢下造成屏蔽门夹伤、扶梯上打闹伤害、不抓牢伤害等。

（2）**城市轨道交通企业方面原因**　因城市轨道交通设施设备故障或服务存在不足引起的乘客伤亡，称为城市轨道交通企业原因伤害。例如，电扶梯故障导致乘客摔伤、设施设备运行不良导致乘客受伤、地面湿滑导致乘客滑倒受伤等。

（3）**第三方侵权原因**　乘客在城市轨道交通范围内因非城市轨道交通的外部人员或设备原因导致的受伤，被称为第三方侵权原因伤害。例如，乘客打架斗殴、乘客推撞致使他人跌倒受伤等。

（4）**自然灾害等不可抗力原因**　乘客在乘坐城市轨道交通过程中遇突发自然灾害等不可抗力因素导致的伤亡，称为城市轨道交通不可抗力原因伤害。例如，地震、强台风、强降雨等。

二、客伤事故处理原则

1. 以人为本原则

现场处理要本着以人为本的原则，优先抢救伤者，及时将伤者送往医院救治。在救治伤者时，要特别注意安全，包括工作人员的人身安全，伤者的安全，避免受到二次伤害。

2. 减小影响原则

现场处理事故时，要注意疏散围观乘客，维持好现场秩序。涉及客伤事故影响运营的，应及时出清路线，尽快恢复运营，最大限度地减小事故对运营的影响。

3. 快速处置原则

为保证客伤事故调查及后续处置，现场处理人员要尽量收集和保存事故证据、挽留证人，以便更快更好地处理事故。

三、客伤事故处理流程

1）车站现场工作人员发现或接到受伤乘客求救时，应立即报告当班值班站长并赶赴现场，了解伤（病）者情况及初步原因。

2）如因地铁设备造成事故，应立即停止该设备运行（影响列车运行的设备除外），并报告车控室。

3）疏散围观群众，寻找目击证人，收集、记录有关证人资料。

4）需要时，对乘客外伤进行简单的包扎处理。

5）如调查需要，应保护好现场，必要时对有关区域进行隔离，并用相机记录现场有关情况。

6）必要时，根据值班站长安排，站务人员到紧急出入口引导急救中心人员进站。

7）必要时，协助警方进行事故调查。

四、客伤事故处理职责分工

1. 列车司机

1）立即停车，及时汇报行车调度员。

2）配合车站确认伤（亡）者位置及伤亡情况；向值班站长报告伤（亡）者位置，尽可能配合现场勘查人员前期调查和证据收集。

3）接受值班站长动车指令，并及时将信息传递至行车调度员。

2. 行车值班员

1）汇报行车调度员、线路生产调度、值班站长、地铁公安（110），站区（中心站）管理人员。

2）联系医疗单位（120），及时抢救伤员。

3）督促、提醒站务员及时确认伤（亡）者位置及伤亡情况。

4）与事发现场保持双向沟通，密切注意运营情况，确保行车安全。

5）加强各类人工广播，做好运营恢复的准备工作。

3. 客运值班员

1）与值班站长一起，立即携带应急物品赶赴现场。

2）寻找并挽留目击证人，配合做好事发现场的保护工作。

3）配合组织工作人员抢救伤员或清理遗留物等。

4. 值班站长

1）立即携带应急物品赶赴现场。

2）督促有关人员寻找并挽留目击证人，做好事发现场的保护工作。

3）组织工作人员抢救伤员或清理遗留物等。

5. 站台岗人员

1）如乘客受伤发生在站台，立即按压相应设备紧急关闭按钮。

2）及时确认伤（亡）者位置及伤亡情况。

3）做好伤者的抢救、围挡设置、接送及遗留物的收集工作。

4）主动、迅速地寻找并挽留目击证人。

5）维持好站台秩序，做好乘客的解释工作，劝阻乘客围观，确保站台安全。

6. 票亭岗人员

1）服从安排，对影响正常行车的情况，按上级部门通知，做好相应的停止售票或退票工作。

2）坚守岗位，做好乘客的解释工作。

知识拓展

外伤急救四步骤

1. 止血

现场急救比较常用的是加压包扎止血法，其止血方法可靠易行。具体操作方法是先用纱布、棉垫、绷带、布类等做成的垫子放在伤口的敷料上或直接放在伤口上，再用绷带、三角巾等加压包扎（图5-1-1）。如果四肢存在较大血管破裂，采用上述方法不能止血时，也可使用止血带止血（图5-1-2），即用止血带的压力，将出血血管的上端勒闭住，以阻断血流，但结扎松紧要适度，以不出血为原则，结扎时间一般不超过1小时。

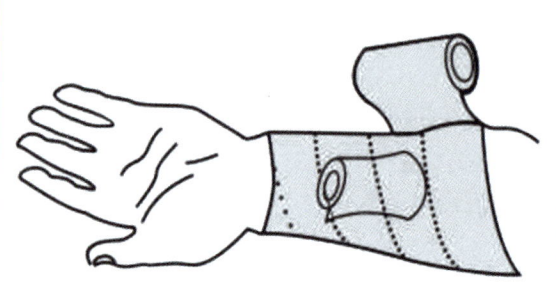

图5-1-1　加压包扎止血法　　　　图5-1-2　止血带止血法

2. 包扎

伤口包扎在现场急救中应用范围很广，它有加压止血、保护伤口、固定骨折等作用，其材料最常使用的是绷带和三角巾。如果现场缺少上述材料，可使用衣服、毛巾和棉织品等，使用前如能进行消毒处理更好。

3. 固定

对骨折、肢体严重挤压伤和软组织大面积损伤者必须进行临时固定。对开放性骨折及软组织损伤，首先应止血、包扎，而后固定。固定时夹板与软组织间应加垫，以免肢体受压损伤。固定时松紧要适度，固定材料可就地取材，如木板、竹片、树枝等，也可利用躯干或健肢进行临时固定。

4. 搬运

对伤员做简单处理后，应迅速打电话呼叫救护车或用车辆将伤员送往医院做进一步治疗。搬运伤员时，动作要轻柔，避免造成二次受伤。对一些伤情较重的伤员，更要注意谨慎搬运，以防止造成进一步受伤。如搬运脊柱、脊髓受伤的伤员时应使用平板担架，搬运时注意平抬平放，避免扭伤。

【任务实施】

客伤处理流程演练

一、任务描述

学生按6~8人一组进行分组，分演车站不同岗位工种，按照客伤处理流程，制订本组演练方案，桌面演练客伤处置情况。

二、任务要求

1）查阅地铁公司相关事故处理的应急预案及案例分析，收集客伤案例。
2）根据案例情境和岗位要求自行设计对白和演练方案。
3）结合客伤处理原则，正确执行客伤处理流程。

【任务评价】

任务评价表见下表。

任务评价表

评价项目	评价标准	得分	备注
整体分（30分）	1）客伤场景设置合理，符合实际（15分）		
	2）角色安排合理（15分）		
演练方案（40分）	1）演练方案完整、可行（20分）		
	2）方案内容符合客伤处置原则（20分）		
演练流程（30分）	1）各岗位均正确执行演练方案（15分）		
	2）演练流程顺畅、完整（15分）		

【学习小结】

本任务主要介绍乘客在城市轨道交通管辖区域内出现客伤的原因及处理原则，并对客伤处置的基本流程及各岗位职责进行简要描述。通过对相关内容的学习与了解，学生对客伤应急处理步骤有一定了解，应急处理能力及安全责任意识得到较大提升。

【知识巩固】

简答题

1. 哪些城市轨道交通设备设施易导致客伤事故发生？

2. 如何避免客伤事故发生？

任务二　乘客投诉处理

【任务描述】

消费者投诉是由于企业、机关、机构所提供的服务和管理水平与消费者的需求和期望值不一致引起的。城市轨道交通运营企业作为服务性行业，加之公共交通的特性，自然也会不可避免地遇到乘客投诉。投诉发生后正确、妥善地处理是体现企业形象及管理水平的重要途径。因此，运营企业必须认真对待和处理投诉，服务相关人员须掌握投诉处理的相关知识，以提高企业运营服务质量，维护企业品牌形象。

本任务对乘客投诉常见原因、投诉处理的基本原则与技巧进行介绍，培养客运服务人员良好的服务意识与服务能力，提升运营企业服务水平。

【学习目标】

目标	目标内容
知识目标	掌握乘客投诉处理的基本原则
	掌握乘客投诉处理技巧
技能目标	能够分析乘客投诉原因
素养目标	树立真诚待人的服务意识

【知识准备】

一、乘客投诉分析

1. 乘客投诉

由于城市轨道交通服务质量或处理投诉本身没有达到乘客的期望，乘客向有关部门表示出不满意。广义地说，乘客任何不满意的表示都可以看作投诉。

2. 认识乘客投诉

只要是服务行业，就无法避免消费者的抱怨和投诉，即使是最优秀的服务企业，也不可能保证永远不发生失误或引起投诉。作为城市轨道交通的客运服务相关岗位，在服务过程引起乘客投诉是很正常的，不能一味地恐惧投诉，厌恶投诉。客运服务人员需要对投诉有一个清醒的认识，这样才能更好地处理投诉，更有效地改进服务工作并提高服务质量。

3. 乘客投诉的分类

（1）按投诉渠道分类　乘客感到不满意后如想要进行投诉，其投诉的反馈时间不外乎两种：一种是立刻表达不满，进行面对面反馈；另一种是当下未发作，事后进行投诉。因此，根据乘客投诉所通过的渠道，乘客投诉可以分为以下四种：

1）现场投诉，包括向运营现场的任何一个员工进行口头投诉，或使用设置在车站现场的"乘客意见簿"等。

2）书面投诉，包括意见箱、邮局信件、网上电子邮件等。

3）电话投诉，包括热线电话、投诉电话等。

4）媒体网络投诉，包括微博、自媒体平台、媒体记者等。

（2）按投诉内容分类　从乘客投诉所针对的内容来说，乘客在进出站及运输过程中，各个环节均有可能引发乘客不满情绪。乘客投诉按投诉内容可分为人员服务、设备设施、环境卫生、治安和政策等。

（3）按投诉性质分类　按投诉的性质，乘客投诉可以分为有责投诉和无责投诉。有责投诉是指因工作人员工作失误、违规操作、设备设施保障不力等而引起的投诉。无责投诉包括两种情况：一种是由于自然灾害等不可抗力因素导致服务失误而引起的投诉；另一种是因为乘客自身原因而引起的投诉。对于前者，运输企业应该加大应急事件的处理力度，对于后者，运输企业应该加强对乘客的宣传。

4. 乘客投诉的原因

乘客对城市轨道交通运输企业感到不满的原因有很多，可能是乘客自身的原因，也可能是企业在服务流程、执行标准中存在的不足，但不论是何种原因引发的投诉，工作人员都需认真对待，积极处理，见表 5-2-1。

表 5-2-1　乘客投诉原因

乘客自身原因	企业服务原因
1）乘客对服务期望值过高 2）乘客不了解或不熟悉相关规定 3）乘客过分反应，以我为尊 4）乘客心情不好，发泄不满	1）设备设施故障影响出行 2）工作人员业务能力不足，作业不规范 3）工作人员工作效率低下或不作为 4）工作人员态度冷漠、不友好 5）工作人员疏忽，造成乘客利益损失

5. 认识乘客投诉背后的期望

1）想得到重视和聆听，寻求尊重的心理。尊重是人们一种很重要的需要。在整个乘车过程中，由于乘客作为消费者始终处于"客人"的地位，寻求尊重的心理十分明显，也是一般人的正常心理。当乘车某方面服务达不到乘客的要求或者一些现象让乘客很不舒服、使乘客自尊受到伤害（如被服务人员冷漠对待、被服务人员鄙视等）时，他们一般会通过投诉来寻求尊重。

2）希望服务人员知道他们的问题和不开心的原因。一些乘客遇到不满或者挫折时，往往带着怒气投诉，他们如果能把自己的不满和怨气全部发泄出来，那么心理就会得到平衡。

3）希望问题尽快得到解决，不想有额外的问题和麻烦，得到明确的解决承诺，情绪也能得到释放和缓解。

4）获得赔偿或补偿。在接受服务的过程中，如果由于服务人员的职务行为或者城市轨道交通服务企业未能履行相关承诺，使乘客遭受物质上的损失或精神上的伤害时，乘客会通过投诉的方式来获得一定的补偿，包括物质补偿和精神补偿。

二、乘客投诉处理原则

客运服务人员每天都会面对成千上万的乘客，在服务过程中，一句不负责任的话、一个不规范的动作、一种生硬的态度等都可能引起乘客的不满而产生投诉。乘客的投诉千差万别，处理投诉也没有一成不变的方法，但面对乘客的投诉时能遵循以下基本原则，往往能收到很好的效果：

1. 首问责任制原则

首位接待乘客的员工负责全程跟进乘客需求，乘客需求超出职责范围，需及时根据流程逐级上报。

2. 投诉无申辩原则

在处理乘客投诉时，首先要向乘客表示歉意；处理过程中要关心乘客需求，做到耐心、有礼，态度友善、语气温和，不能出现顶撞、推诿、答非所问的行为。

3. 现场处理原则

受理乘客投诉的个人或部门要尽量在现场处理完毕，确保现场处置的有效性。

4. 满意原则

处理乘客投诉时，需迅速响应乘客需求，尽量满足乘客需要，做好服务补救措施，并及时将无法处理或乘客对处理结果不满意的投诉向上级反映。

5. 及时原则

乘客现场投诉必须及时处理，避免乘客长时间等待。如当事人第一时间无法处置，应立即报告上级；相关人员接到信息后，必须在3分钟内到场为乘客处理相关事务。

6. 百分百回复原则

对于各渠道受理的乘客投诉，受理部门必须百分百回复乘客，并做好跟踪和台账记录。

7. 投诉调查原则

投诉调查遵循"四不放过"的原则，即投诉原因分析不清不放过、责任人和其他员工没有受到教育不放过、没有制订整改措施不放过、责任人没有受到严肃处理不放过。

三、乘客投诉处理技巧

在处理投诉过程中，会遇到不同风格、不同诉求的乘客。除了把握好乘客投诉处理的基本原则外，还需要掌握一定的投诉处理技巧，只有这样才能更好地为乘客服务，提升乘客出行满意度。

1. 用心倾听

抱怨的乘客需要有忠实的听众，工作人员喋喋不休的解释只会让乘客感觉在推卸责任，从而使乘客的心情更差。面对乘客的投诉，工作人员需要掌握倾听的技巧，从乘客的抱怨中找出真正的原因以及其所期望的结果。服务人员在倾听乘客叙述时，要注意以下三点：

1）用心倾听。乘客在投诉时，客运服务人员要仔细倾听乘客提供的信息，切忌随意打断乘客。倾听时站在乘客的角度考虑问题，将心比心地感受乘客的心情。

2）用身体倾听。倾听乘客投诉时，不可面无表情。客运服务人员应注视乘客，并露出温和的神色；在乘客倾诉过程中，服务人员要随声附和，如点头示意、适时地插入"我理解""我明白"等话语，一方面表示自己在认真倾听，另一方面表示对乘客的重视与理解。

3）不要挑对方的毛病。倾听时不要当场提出自己的批判性意见，更不要与对方争论，尽量避免使用否定别人的回答或评论式的回答，如"不太可能""你搞错了"等。

2. 了解乘客投诉的心理期望

乘客只有在对服务不满的情况下，才会选择进行投诉。对于乘客来说，既然选择了投诉，就一定会有一个心理预期并希望得到满意的答复。作为客运服务人员，只有了解了乘客投诉的心理期望，才能够有针对性地处理投诉。一般来说，乘客投诉的心理期望主要有以下几种：

1）希望问题能被认真对待。有时乘客进行投诉或建议，并不是要求企业一定能够彻底改变这种现象，只是发表对此状态的看法与观点，给企业以警示。对于这种期望的乘客，一定要积极对待，耐心地听完乘客的批评与建议，抱着"有则改之，无则加勉"的正确态度，适当地对乘客表示感谢。

2）希望得到当事人的道歉和尊重。乘客投诉有很大一部分是对工作人员服务态度的不满，在这种情况下，乘客当然希望自身能得到重视，并希望当事人能给予道歉。在这种情况下，要耐心倾听，即使是乘客有错，也不要想着去理论，避免产生新的不满或进一步加深矛盾。

3）希望相关人员得到惩罚或惩戒。有时乘客对某位工作人员的服务不满，就会投诉，并希望该工作人员得到惩罚，所以需要向乘客保证企业一定会采取正确的行动，避免将来发生类似的问题。

4）希望得到赔偿或补偿。乘客想要为自己的损失取得赔偿，也想为耗费的时间、造成的不便或遭受的痛苦得到补偿。对于由工作人员自身责任而造成的乘客损失，当然要协商赔偿办法，对于不是工作人员自身责任造成的乘客损失，也不能一味地迁就，要耐心地向乘客解释清楚。

3. 真心诚意道歉

当接到乘客投诉时，无论是否是自己的原因，服务人员都要向乘客道歉，而且要真心实意地道歉，让乘客感受到诚恳的态度，切忌虚情假意、敷衍了事。

（1）**正确的道歉**　服务人员向乘客道歉时，表情要真挚诚恳，语言要礼貌得体，常用的道歉语言有："乘客您好，给您出行造成的困扰，我向您道歉。""乘客您好，由于我工作的失误给您造成的不便，我感到非常抱歉。"等。

（2）**错误的道歉**　服务人员向乘客道歉时，错误的做法有：嘴上说对不起，表情却冷漠不屑；道歉声音太小，乘客听不清楚；肢体方面表现出不乐意或不耐烦等。

4. 解决乘客问题

在听完乘客投诉，了解清楚乘客投诉的原因之后，服务人员要给乘客解决问题。解决过程主要包括以下三个步骤：

（1）提供解决方案　提供解决方案时，要考虑以下三点：

1）掌握问题重点，分析投诉事件的严重性。

2）考虑企业既定政策与方针。

3）确定处理者的权限范围。

（2）与乘客协商解决方案　服务人员向乘客提出解决方案后，要真挚、诚恳地与乘客沟通，尽量让乘客理解并同意解决方案，消除乘客的不满；如乘客不同意，服务人员要进一步了解乘客的需求和期望，以便做出新的改进。

（3）执行解决方案　乘客同意解决方案后，服务人员要马上执行、快速解决，不要耽误时间。如果提出的解决方案不能及时解决，服务人员要坦诚地告诉乘客不能及时解决的原因，并随时向乘客汇报处理的情况和进度，让乘客了解到他们的问题正在得到处理。

5. 感谢乘客

处理完乘客的问题后，服务人员要向乘客表示感谢，感谢乘客对客运服务工作的理解与支持，并感谢乘客提出的意见与建议。常用的感谢语言有"感谢您的支持与理解""非常感谢您的建议"等。

四、投诉案例分析

（1）服务流程不规范引发乘客投诉

1）事件经过：某日，乘客在 R 站出站前因储值卡余额不足到客服中心办理充值，由于此时网络故障，无法办理充值业务，票亭岗人员 A 向乘客解释网络故障无法充值后，为乘客发售对应乘距付费出站票，并对储值卡进行更新处理，乘客持付费出站票出站。次日，乘客持同一储值卡在该站进站时显示车票无效，票亭岗人员 B 验卡后发现，乘客所持天府通卡前日在 H 站有进站记录，无出站记录，需扣除 1.8 元进行票卡更新。乘客表示其前日已进行过补票操作，票亭岗人员未进行进一步核实，仅对扣费规定进行解释后，为乘客扣费 1.8 元后更新票卡，乘客随后进行电话投诉。

案例分析：该事件中员工缺乏工作责任心，票亭岗人员 A 为乘客办理票卡事务处理时，未按规定对天府通进站记录消除情况进行确认，票亭岗人员 B 在乘客对再次扣费提出异议的情况下，未对乘客所述情况进行上报及核实，便按照习惯性思维对储值卡进行处理，造成对乘客票卡进行错误扣费。

2）事件经过：某日，乘客通过微博投诉由于地铁站晚开出入口，导致其未赶上首班车。经调查，当日 06：06，A 站值班站长 R 使用遥控器开启 C 口，未确认卷帘门是否正常开启便转身离开。06：20，保洁通知车控室 C 口未开启，值班站长方重新到现场开口，较正常开站时间延迟 13 分钟。

案例分析：该事件中的值班站长 R 一是缺乏工作责任心，对当班期间关键工作敷衍了事，未按照分公司要求对开关出入口互控工作进行有效布置，遥控操作后未确认卷帘门开启状态；

二是行车值班员 L 未认真履行岗位职责，未按照岗位互盯互控要求落实运营前检查工作，未利用 CCTV 做好监控，未及时发现 C 口未开启的情况。

(2) 服务态度不佳引发投诉　事件经过：某日，乘客于 A 站出闸时刷卡失败，随即到达客服中心处进行车票处理。票亭岗人员 G 起身三次询问乘客"是进不来还是出不去"，导致乘客情绪激动，在乘客表示不满时，票亭岗人员不但未及时道歉，反而进行了无端的争辩，引发事件升级。后续该乘客通过热线电话、市长信箱、网络信访等多渠道进行了投诉。

案例分析：该事件中员工严重缺乏服务技巧，在未听清乘客话语时，三番两次询问乘客，且语言生硬、刻板，导致乘客情绪激动。在乘客表达不满时，未及时做出有效的弥补措施，反而以高姿态与乘客争辩，致使事件升级。

(3) 员工违反岗位标准引发投诉　事件经过：某日，乘客投诉 A 站站台岗在站台广告灯箱背后睡觉。经调查，当日 07：40—08：50 期间，站台岗人员上岗后精神状态不佳，存在多次闭眼接车的情况。

案例分析：该事件中站台岗人员在岗期间安全意识淡薄、工作责任心较差，未按要求执行岗位作业标准，影响较为恶劣。

 知识拓展

某城市轨道交通公司乘客投诉处理基本步骤

第一步：倾听他的问题（开放式问题发泄情感）。

如何表达你在聆听？

1）听事实——关注内容，明确关键信息，注意细节。

2）听感受——关注情绪、情感和内心的表达。

3）前倾姿势，目光接触（目光的表达占总体交流时间的 30%～60% 较为合适）。

4）通过语言和肢体传递自己的感受。

5）认真做记录，并向客户复述关键信息。

6）鼓励对方，三句一回应，不断肯定对方意见的价值。

7）不质疑对方，不急于辩解，不急于给结论。

第二步：同情他的遭遇（复述问题表示理解）。

第三步：提出正确的问题（了解需求）。

1）通过提问引导结论的价值。

2）通过提问引导客户关注重要信息。

3）通过提问使对方确认事实，用对方回答的事实来澄清问题。

4）可以照顾客户的感受，避免把你的结论"卖"给他，尽量少告知。

5）能够保持客户的自尊心，让客户自己去修正错误。

6）容易引导客户说"是"，避免"抗拒"。

7）快速引导客户由情绪化到解决问题上来。

第四步：达成处理协议（让客户选择）。

第五步：检查协议执行（如首问责任制）。

第六步：修复关系（三句话）。

服务口头禅：您说得很有道理、我理解您的心情、我了解您的意思、谢谢您的建议、我认同您的观点、您这个问题问得很好等。

【任务实施】

乘客正常投诉处理演练

一、任务描述

设置投诉情境，按照投诉处理流程完成投诉处理演练。

二、任务要求

1）采取小组对抗的方式，抽签确定乘客组和对应工作人员组，乘客组成员扮演乘客，再现投诉情境，工作人员组需要对投诉进行现场处理。

2）3~5人一组，乘客组根据收集的正常投诉案例设置正常投诉情境，确保正常投诉案例的真实性；工作人员组按照车站站务员、值班员和值班站长等角色，进行投诉处理演练。

3）两组上台演练，其余组根据两组组员的现场表现进行打分。

【任务评价】

任务评价表见下表。

乘客投诉处理任务评价表

评价项目	评价标准	得分	备注
情境设置 （30分）	1）情境总体设置合理，符合乘客实际（10分） 2）组员表演流畅，语言表达适合当时情境，没有故意刁难（10分） 3）组员演示过程中没有笑场（5分） 4）情境设置难度合理（5分）		
投诉处理 （70分）	1）乘客情绪安抚恰当（10分） 2）积极倾听乘客投诉（10分） 3）乘客投诉原因和期望判断正确（10分） 4）解决方案合理有效（20分） 5）投诉处理过程语言得体，不急不躁（10分） 6）投诉处理结果令人满意（10分）		

【学习小结】

本任务主要介绍乘客投诉产生的原因及车站服务人员在处理乘客投诉时的基本原则与技巧,对常见投诉渠道进行讲解,学生通过对相关内容的学习与了解,对乘客投诉有正确的认识,避免对投诉产生抵触情绪,有助于提升学生的乘客事务处理能力,进而提升服务质量。

【知识巩固】

一、简答题

1. 什么是乘客投诉？出现乘客投诉的原因有哪些？
2. 简述处理乘客投诉的基本原则。

二、案例分析题

某日,一名乘客携带两名身高超过 1.3 米的儿童在 A 站出站,票亭岗人员发现后对乘客进行阻拦,并要求乘客为其中一名儿童办理补票手续,乘客不同意,并认为进站车站未进行阻拦,出站车站要求补票是故意刁难,于是与票亭岗人员发生争吵,1 分钟后,票亭岗人员请求值班站长协助处理,乘客边骂边离开了车站。

思考：

1) 在该案例中,票亭岗人员有哪些方面做得不恰当呢？
2) 如果你是票亭岗人员,你会如何处理呢？

项目六

城市轨道交通客运服务质量管理

项目六　城市轨道交通客运服务质量管理

【情境导入】

城市轨道交通客运是一个特殊的、复杂的服务系统工程。城市轨道交通客运的产品，具有服务产品的无形性、服务过程的复杂性、服务消费的即时性、服务设施的综合性等特点。为提高城市轨道交通客运服务质量，满足乘客出行的不同需求，本项目将介绍城市轨道交通客运服务质量的相关知识。

任务一　客运服务工作质量管理

【任务描述】

城市轨道交通客运是一个特殊的、复杂的服务系统工程。城市轨道交通运营企业的产品定义主要包含两方面内容：一方面是运营企业生产过程的结果，即"位移"；另一方面是乘客出行过程中形成的各种服务，即"出行服务"。前者反映了运营企业的生产性，后者反映了运营企业的服务性。

通过本任务对城市轨道交通客运服务质量的定义、城市轨道交通客运服务质量特性以及城市轨道交通客运服务质量内容的学习，培养客运服务人员具备一定的专业知识与技能。

【学习目标】

目标	目标内容
知识目标	了解城市轨道交通客运服务质量的定义
	熟悉城市轨道交通客运服务质量特性
	掌握城市轨道交通客运服务质量的内容
技能目标	能对城市轨道交通服务质量的评价体系和评级指标进行确定
	能按照客运服务质量的特性及内容进行客运服务
	能够正确判别城市轨道交通客运服务质量的优劣
素养目标	培养学生良好的服务意识和沟通表达能力
	培养团结协作和应变能力
	培养严谨的工作态度

【知识准备】

一、城市轨道交通客运服务质量定义

城市轨道交通客运服务质量是指轨道交通企业的运营服务工作在满足乘客出行需求方面所达到的程度,主要体现在服务质量和运输质量两个方面。服务质量可以通过服务水平来表达,而运输质量可以通过轨道交通客运的服务质量来描述。因此,对轨道交通服务水平的评价主要体现在对城市轨道交通服务质量的评价。

二、城市轨道交通客运服务质量特性

城市轨道交通客运服务质量具有抽象性、差异性、不可分离性、不可储存性等一般服务产品的特点。

1. 抽象性

城市轨道交通客运服务是运营公司向乘客提供的服务产品,既提供有形的服务产品(如乘车设施、设备等),也提供快速、准时、安全、语言等无形的服务产品。

2. 差异性

乘客只能在接受服务的过程中感知客运服务的质量,衡量服务质量的决定权在乘客;而从乘客的角度来看,城市轨道交通客运服务质量不仅与其服务结果有关,而且与相关的服务流程有关,其中,安全是服务质量的第一位。

3. 不可分离性

乘客的乘车过程是企业提供服务和乘客消费的过程。服务质量一旦出现问题,常常无法制止和改正,只能补救。

4. 不可储存性

乘客的乘车过程不可储存,具有一次性和不可逆性,运营公司提供的服务不能超过其服务能力。

同时,与一般产品相比,城市轨道交通客运服务质量也具有行业独特的特性:

首先,一般产品通常有评估产品的行业标准,而城市轨道交通客运服务质量更强调乘客自身的感受和评价,乘客根据预期的服务水平与实际感受到的服务水平来评价服务质量,不仅要考虑服务结果,而且涉及整个过程的服务;其次,城市轨道交通客运服务质量提供的产品同质性较差,难以定量描述,一般只有定性描述,如"安全、舒适、方便、快捷、经济"等;最后,城市轨道交通客运服务质量具有更强的及时性,随着时间的推移,客运服务质量的评判标准将会改变。

三、城市轨道交通客运服务质量影响因素分析

1. 服务承诺

运营企业会向社会和乘客做出一些服务承诺,并通过多种方式向乘客和社会公布。轨道

交通作为一种快捷、安全的交通方式，其服务承诺至少应包括以下几点：

1）列车准点率。列车准点率是指准点列车数与全部开行列车数之比，用以表示运营列车按规定时间准点运行的程度。

2）列车运行图兑现率。列车运行图兑现率是指实际开行列车数与运行图定开行列车之比。实际开行的列车中不包括临时加开的列车数。运营公司应根据列车运行图组织列车运行，并根据客流变化等情况合理调整列车运行。

3）首末班时间准确性。首末班时间，即每日列车运行的首班车时间和末班车时间。运营公司一般在车站出入口、售票处等的醒目处公示本车站首末车时间，车站首末班时间的准确性及合理性，能满足车站附近居民的出行需求，也为有特殊需要的乘客提供参考，使其合理安排出行时间。

4）故障响应时间。城市轨道交通运营的故障主要包括运营事故、重大活动、政府管制、恶劣天气、乘客伤亡、事故灾难等影响城市轨道交通正常运营的突发事件，运营公司应就这些事件制订应急服务预案，并适时启动。

2. 服务效率

轨道交通吸引乘客的一个重要优势就是其出行效率，提高服务效率，有助于提高整体客运服务质量。城市轨道交通的发车间隔、平均换乘时间和换乘距离以及通信质量的改善，保证了居民出行的便捷，体现了城市轨道交通在效率方面的客运服务质量。

1）发车间隔。发车间隔是指周转时间与配车数的比值。发车间隔的合理性，是体现列车快捷的重要因素。

2）平均换乘时间和换乘距离。平均换乘时间和换乘距离是指乘客换乘地铁线路或者不同交通方式间换乘所用的时间及距离。减少乘客的换乘时间，能提高乘客的出行效率。

3）通信质量。乘客在乘坐轨道交通时不可避免地会进行手机通话，尤其是商务人士，轨道交通通信覆盖率至关重要，这也是服务效率的另一种体现。

3. 服务价格

城市居民的出行，在考虑安全性和便捷性的同时，也会考虑出行费用问题，这与城市居民的经济水平相关。从运营管理者角度来说，服务价格也是其收益的主要来源。因此，制定合理的票制票价，是影响城市轨道交通客运服务质量的因素之一。

四、城市轨道交通客运服务质量的内容

1）运输效率。包括平均乘车距离、服务范围、发车频率、运力、乘坐适合性（如对儿童、老人等）和可靠性等。

2）换乘服务。包括步行、自行车、小汽车等交通方式之间的方便换乘，公共交通之间的换乘，轨道交通内部的换乘等。

3）信息服务。包括一般信息（如运行时间、线路图、时刻表、动态提示信息、安全信息等）、必要信息（如可达性、标识标志、票务）、非正常状态信息（如事故、故障、事件信息），以及信息交流（如投诉和建议）等。客运服务信息应说明信息来源，并向乘客提供有效性、可靠性、及时性的信息。

4)时间效率。包括运行时间、行车守时性和准时性、平均候车时间、平均换乘时间。

5)服务设施。包括服务设施舒适性、环境条件、补充服务设施（卫生间、通信设施、食品亭、商业和娱乐设施）等。

6)治安与安全。包括治安设备、事故预防、紧急情况预案和紧急响应等。

7)运营环境。包括通风、振动与噪声、尘土和垃圾、气味、视觉、电磁辐射与干扰等。

8)乘客关怀。包括向乘客提供适宜、舒适的候车和乘车环境，残疾人、儿童、老年人、体能障碍者使用的设施设备，询问、投诉和赔偿服务，服务人员精神面貌、服务技能、服务态度、服务灵活性及是否充分考虑和关心不同乘客的需要等。

9)企业服务承诺。轨道交通客运服务机构应就其服务向乘客做出承诺，并通过多种方式向乘客和社会公布，出现意外情况或因某种需要，引起服务内容变化或服务质量变化时，要采用服务声明向乘客公示或向社会公布。

五、城市轨道交通服务质量的评价体系

城市轨道交通建设和管理的情况各异，但提高服务质量，打造城市轨道交通的优质服务品牌是各运营企业的共同目标。城市轨道交通服务质量评价体系如图6-1-1所示。

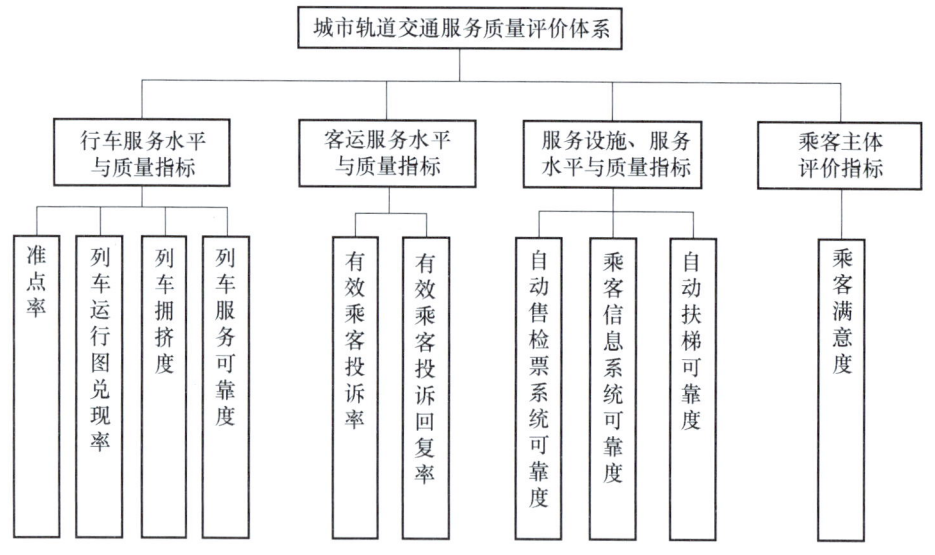

图6-1-1　城市轨道交通服务质量评价体系

在评价体系中，重要指标的含义如下：

1. 准点率

准点率是指准点列车数与全部开行列车数之比，用以表示运营列车按规定时间准点运行的程度。

$$准点率 = \frac{准点列车数}{全部开行列车数} \times 100\%$$

凡按运行图图定的时间运行，早晚不超过规定时间界限的为准点列车，准点的时间界限

指终点到站时间误差小于或等于 2 分钟的列车（市域快速轨道交通系统除外）；市域快速轨道交通系统准点的时间界限指终点到站时间误差小于或等于 3 分钟的列车。

2. 列车运行图兑现率

列车运行图兑现率是指实际开行列车数与运行图图定开行列车数之比。实际开行列车数中不包括临时加开的列车数。

$$列车运行图兑现率 = \frac{实际开行列车数}{运行图图定开行列车数} \times 100\%$$

3. 列车拥挤度

列车拥挤度是指线路高峰小时平均断面客运量与线路实际运输能力之比，线路实际运输能力为列车定员和线路高峰小时发车量的乘积。

$$列车拥挤度 = \frac{线路高峰小时平均断面客运量}{线路实际运输能力} \times 100\%$$

4. 列车服务可靠度

列车服务可靠度是指列车行走多少公里才遇到一次 5 分钟或以上的延误，数值越大，表明可靠度越高。

5. 有效乘客投诉率

有效乘客投诉率是指有效乘客投诉次数与客运量之比。

6. 有效乘客投诉回复率

有效乘客投诉回复率是指已经回复的有效乘客投诉次数与有效乘客投诉次数之比。有效乘客投诉是指在接到投诉之日起，七个工作日内回复的投诉。

7. 自动售检票系统可靠度

1）售票机可靠度：售票机实际服务时间与售票机应服务时间之比，实际服务时间包括正常的加票和加币时间。

2）进出站闸机可靠度：进出站闸机实际服务时间与应服务时间之比。

8. 自动扶梯可靠度

自动扶梯可靠度是指自动扶梯实际服务时间与应服务时间之比。

9. 乘客信息系统可靠度

1）车站乘客信息系统可靠度：车站乘客信息系统为实际服务时间与应服务时间之比。

2）列车乘客信息系统可靠度：列车乘客信息系统实际服务时间与应服务时间之比。

> 💡 **知识拓展**
>
> **影响城市轨道交通票制票价的因素**
>
> 影响城市轨道交通票制票价的因素如下：
>
> 1）公众的承受能力。目前国内大多数城市的经济发展水平和市民承受能力有一定的差异。如果制定的票价超过市民的承受能力，将会影响乘客的积极性，影响企业的

票务收入，既影响运营企业的经济效益，又使其不能充分发挥其社会效益。

2）公共出行方式结构。轨道交通票制票价的制定要与其他公共交通的票制票价进行对比，选取适当的比例。对于各种城市公共交通出行方式，尤其是并行线的城市轨道交通和地面公交两种出行方式，其票价应构成级差关系，从而针对不同的消费群体，合理分配客流，实现城市各种交通方式的合理分工，增加相互协作，实现充分利用交通资源的效果，缓解城市交通压力。

3）运营成本。轨道交通的建设成本和固定成本很高，据统计，平均修建一公里轨道交通线路大约需要花费亿元人民币。若基于轨道交通成本制定票价，将超出乘客承受能力，而轨道交通的运营收益主要依靠票价收入，有了一定的收益，企业才能有更多的人力、物力，为乘客提供更多更好的服务。

【学习小结】

本任务主要介绍城市轨道交通客运服务质量的定义、城市轨道交通客运服务质量特性、城市轨道交通客运服务质量的内容以及城市轨道交通客运服务评价体系等知识点，帮助学生树立积极的服务意识。

【知识巩固】

一、填空题

1. 城市轨道交通客运服务质量是指轨道交通企业的运营服务工作在满足乘客出行需求方面所达到的程度，主要体现在_____和_____两个方面。

2. 城市轨道交通服务质量可以通过_____来表达，而运输质量可以通过轨道交通客运的服务质量来描述。

3. _____是指准点列车数与全部开行列车数之比，用以表示运营列车按规定时间准点运行的程度。

4. _____是实际开行列车数与运行图图定开行列车数之比。

5. _____是线路高峰小时平均断面客运量与线路实际运输能力之比，线路实际运输能力为列车定员和线路高峰小时发车量的乘积。

二、简答题

1. 城市轨道交通服务质量评价体系中，重点考查哪些指标？
2. 城市轨道交通客服服务质量影响因素分析有哪些？
3. 与一般产品相比，城市轨道交通客运服务质量有哪些特性？

任务二　客运服务标准与评价

【任务描述】

客运服务质量的有效评价是运输企业了解服务水平、提升服务水准的重要参考，其中，有效实用的评价方法是服务质量评价的关键和难点。但在服务质量评价实践中，其方法和手段仍较为落后。本任务结合评价主体，对城市轨道交通服务质量评价分类及评价方法进行介绍，旨在帮助学生对评价体系及服务质量考量维度有一定认识。

【学习目标】

目标	目标内容
知识目标	了解城市轨道交通服务质量评价的分类
	掌握城市轨道交通服务质量评价方法
技能目标	能够针对某条地铁线路设计出相对科学的服务质量调查问卷
	能够针对某条地铁线路进行服务质量评价和分析
素养目标	培养学生实事求是的工作作风
	培养学生换位思考的共情能力

【知识准备】

一、城市轨道交通客运服务质量评价的分类

按照评价的主体，城市轨道交通服务质量评价可分为政府评价、社会评价、企业评价和乘客评价。

1. 政府评价

政府评价主要针对城市轨道交通企业的管理及运营，侧重于企业所提供的服务水平，并对企业的等级进行划分。

2. 社会评价

社会评价主要侧重于企业所树立的社会形象和整体服务水平的辨识及评估，评价主体包括各类社会群体，如乘客、社会媒体和行业管理机构等。

3. 企业评价

企业评价主要是通过员工调查来评价企业的内部服务质量，显示内部规章制度对服务质量的控制能力。

4. 乘客评价

乘客评价是乘客根据实际的交通服务消费体验对城市轨道交通服务质量进行综合评价，其中，最具影响力的是乘客满意度评价，对服务质量的改进更具有针对性。

二、城市轨道交通服务质量评价方法

在城市轨道交通服务质量评价过程中，采用有效实用的评价方法是服务质量评价的关键和难点。

按照评价标准来分，城市轨道交通服务质量评价方法主要包括两类，即软性评价和硬性测评。软性评价是指城市轨道交通企业通过调查乘客、员工和其他人员（如管理人员）对服务质量的主观评价方法；硬性测评是指城市轨道交通企业通过各种客观指标（例如硬件设施配置）衡量服务过程和结果的质量评价方法。

软性评价中常用的方法主要有SERVQUAL方法和步行穿越调查法。

1. SERVQUAL 方法

SERVQUAL 是 Service Quality（服务质量）的缩写，是衡量乘客对服务质量感知的有效工具。SERVQUAL方法完全建立在乘客感知的基础之上，即以乘客的主观认识来衡量服务质量。首先，度量乘客对服务的期望；然后，度量乘客对服务的感知，根据乘客对服务的感知与期望的差异比较，得出企业的服务质量；最后，将其作为判断服务质量水平的依据。

SERVQUAL将服务质量分为以下五个层面：

1）有形性（Tangibles）：指外观感受，包括实际设施、设备以及服务人员的外表等。

2）可靠性（Reliability）：是指可靠地、准确地履行服务承诺的能力。

3）响应性（Responsiveness）：也称为回应性，指帮助乘客并迅速提高服务水平的愿望。

4）保障性（Assurance）：也称为确实性，是指员工所具有的知识、礼节以及表达出自信与可信的能力。

5）移情性（Empathy）：也称为关怀性，关心乘客并为乘客提供个性化服务。

每一层面又被细分为若干个问题，通过调查问卷的方式，让乘客对每个方面的期望值、实际感知值及最低可接受值进行评分，由其确定出相关的22个具体因素，从而综合计算得出服务质量的分数。

① SERVQUAL 量表。SERVQUAL 量表示例见表6-2-1。针对五层要素，包含22个小项目，记录乘客对特定服务行业中优秀企业的期望及消费者对这一行业中特定企业（即被评价的企业）的感知。乘客期望和感知问卷采用7分制，7表示完全同意，1表示完全不同意。然后把根据期望与感知得到的结果进行比较，就得到五个维度的每一个维度的"差距分值"，SERVQUAL 分数=实际感受分数−期望分数。差距越小，服务质量的评价越高；差距越大，服务质量的评价越低。

表 6-2-1　SERVQUAL 量表示例

要素	组成项目
有形性	1）有现代化的服务设施 2）服务设施具有吸引力 3）员工有整洁的服装和外表 4）企业的设施与他们所提供的服务相匹配
可靠性	5）企业向乘客承诺的事情都能及时地完成 6）乘客遇到困难时，能表现出关心并提供帮助 7）企业是可靠的 8）能准时地提供所承诺的服务 9）正确记录相关的服务
响应性	10）能告诉乘客提供服务的准确时间 11）提供及时的服务 12）员工非常愿意帮助乘客 13）员工能满足乘客的需求
保障性	14）员工是值得信赖的 15）在从事交易时乘客会感到放心 16）员工是有礼貌的 17）员工可从企业得到适当的支持，以提供更好的服务
移情性	18）企业会针对不同的乘客提供个别的服务 19）员工会给予乘客个别的关怀 20）员工了解乘客的需求 21）企业优先考虑乘客的利益 22）企业提供的服务时间能符合所有乘客的需求

不同行业中，五个维度的重要性存在差异，但排序基本一致。在具体行业的应用中，必须对该量表进行修正并重新验证其有效性，这包括增加和删减某些问题或维度来全面、真实地反映所研究的行业领域，以使量表适应不同的行业环境、服务环境和文化背景。

例如，某城市轨道交通企业根据其服务产品的质量特性或标准，在安全性、可靠性、经济性、便捷性、舒适性的每一种质量属性下面设计相关具体因素，其量表见表 6-2-2。

表 6-2-2　某城市轨道交通企业的服务质量 SERVQUAL 量表

要素	组成项目	期望值（E）	感知值（P）
安全性	1）进出站秩序状况 X_1 2）站台候车秩序状况 X_2 3）上下车秩序状况 X_3 4）车厢秩序状况 X_4 5）安全服务设施标示及使用说明等 X_5 6）紧急疏散标识清楚醒目 X_6		
可靠性	7）进出站闸机可靠 X_7 8）导乘标识信息准确 X_8 9）报站准确及时 X_9 10）列车准点运行 X_{10}		

（续）

要素	组成项目	期望值（E）	感知值（P）
经济性	11）票价合理 X_{11}		
	12）票种多样 X_{12}		
便捷性	13）购票时间短 X_{13}		
	14）进出站时间短 X_{14}		
	15）列车可达性强 X_{15}		
	16）列车发车间隔合理 X_{16}		
舒适性	17）列车运行速度快 X_{17}		
	18）列车运行平稳 X_{18}		
	19）车厢拥挤度低 X_{19}		
	20）车站及车厢环境整洁 X_{20}		
	21）工作人员响应乘客要求 X_{21}		
	22）设置便民设施 X_{22}		

问卷调查的内容包括城市轨道交通服务质量的五个属性（维度）及与之相关的 22 个因素，每个因素又有期望值和感知值两个调查项。可在车站内采用随机抽样的方法，抽取一定数目的乘客，请他们对各项因素按自己的期望打分，得到各个 E 值；按自身感受打分，得到各个 P_i 值。问卷采用 7 分制，7 表示完全同意，1 表示完全不同意。中间分数表示不同的程度。

② SERVQUAL 计算过程。首先要根据针对具体情况设计的量表，发放调查问卷，乘客打分并综合计算得出服务质量的分数，具体计算公式为

$$SQ_\text{单} = \sum_{i=1}^{n}(P_i - E_i)$$

式中，$SQ_\text{单}$ 是感知服务质量；P_i 是对乘客第 i 个因素的感知分数，$i = 1, 2, \cdots, 22$；E_i 是对乘客第 i 个因素的期望分数。

由上式获得的 $SQ_\text{单}$ 是在五个属性同等重要条件下单个乘客的总感知质量，但在现实生活中，乘客对决定服务质量的每个属性重要性的看法是不同的。因此，在调查后，应确定每个服务质量属性的权重，通过加权平均可以得出更为合理的 SERVQUAL 分数。公式为

$$SQ_\text{总} = \sum_{j=1}^{5}\left[w_j \sum_{i=1}^{n}(P_i - E_i)\right]$$

式中，w_j 是第 j 个属性的权重。

最后，将调查中所有乘客的 SERVQUAL 分数求和，再除以乘客人数 m，就得到某企业该项服务产品平均的 SERVQUAL 分数，即

$$SQ = \frac{1}{m}\sum_{i=1}^{m}SQ_i$$

式中，SQ 是感知服务质量；m 是被调查乘客的人数。

2. 步行穿越调查法

步行穿越调查法是从乘客的角度出发，通过评价乘客在整个服务过程中经历的各个环节

来测评服务质量的方法。

步行穿越调查法的具体步骤如下：

1）绘制乘客消费的流程图。以城市轨道交通为例，步行穿越调查的整个过程包括乘客通过站外引导标志进入车站—安检—进入站厅—购票—检票—上站台—候车—上车—乘车—下车—到站台—通过出站闸机—从出站口离开。

2）按照流程图，列出乘客所能接触的各要素，包括环境、设备、消费品、服务人员、其他乘客等内容，并设计形成调查问卷，见表6-2-3。

表6-2-3 某城市轨道交通企业针对某车站进行的步行穿越调查问卷

服务阶段	服务项目	强烈反对	反对	无法判断	赞同	完全赞同
进站	1）容易看到站外引导标志 X_1					
	2）站外引导标志清楚准确 X_2					
	3）车站入口标识醒目 X_3					
	4）安检顺畅 X_4					
	5）进入站厅过程顺利通畅 X_5					
	6）问询服务周到规范 X_6					
	7）购票便捷 X_7					
	8）检票过程通畅，无延误 X_8					
候车	9）进入站台路径清晰 X_9					
	10）站台信息标识明确 X_{10}					
	11）候车时间较短 X_{11}					
	12）上车过程不拥挤 X_{12}					
乘车	13）车厢内整洁无异味 X_{13}					
	14）车厢温度适宜 X_{14}					
	15）车厢广播音量适中 X_{15}					
	16）报站清楚准确 X_{16}					
	17）车厢内路线图醒目 X_{17}					
	18）座位及扶手设置合理 X_{18}					
下车及出站	19）下车有序，先下后上 X_{19}					
	20）出站或换乘标识醒目 X_{20}					
	21）出站或换乘路程短 X_{21}					
	22）出站口信息准确清楚 X_{22}					
	23）验票出站方便、快捷 X_{23}					
评价	24）服务总体来说很优秀 X_{24}					
	25）服务还有较大的改进空间 X_{25}					
	26）工作人员态度热情 X_{26}					

注：针对每一服务项目的说法，在强烈反对、反对、无法判断、赞同、完全赞同处打"√"。

3）发放问卷，由乘客填写消费过程中对每一个服务项目的评判。

4）对有效问卷进行统计分析，找出乘客满意与不满意之处，并分析其原因。一般通过以下两步进行分析计算：

第一步，计算管理者、服务人员和乘客对各服务项目的评价值。

城市轨道交通企业管理者、服务人员和乘客分别填写问卷后，使用五点量法（将某人对某事的态度划分为五个等级）来测量乘客的感知：1 代表完全赞同，5 代表强烈反对。

评价方法：问卷数据可以初步评价乘客（管理者、服务人员）对每一服务项目的感知程度。每一项目得分取样本的均值，即可认为是乘客（管理者、服务人员）对此项目的感知值，公式为

$$\overline{X_i^k} = \frac{\sum_{j=1}^{n^k} X_{ij}^k}{n^k}$$

式中，$\overline{X_i^k}$ 为第 k 类评价者对第 i 服务项目的平均感知值，$i = 1$，2，$\cdots$，26，$k = 1$，2，3，其中，$k = 1$ 代表乘客，$k = 2$ 代表管理者，$k = 3$ 代表服务人员；X_{ij}^k 为第 k 类评价者中第 j 位对第 i 服务项目的感知值；n^k 为第 i 服务项目的 k 类评价者参评人数。

数值小表示对该服务项目的认同程度高；数值大表示对该服务项目的否定程度大。当该服务项目的感知值大于 3.5 时，认为是乘客（管理者、服务人员）对此项目持较大的否定态度；乘客（管理者、服务人员）感知值 $\overline{X_i^k}$ 小于 2 时，表示对此项目持较认同的态度。

第二步，计算各服务项目评价差距。

城市轨道交通企业针对各项服务项目的评价差距，即管理者、服务人员、乘客对某项服务内容评价的差距，包括管理者与乘客之间、管理者与服务人员之间、服务人员与乘客之间的评价差距。差距越大表示两者之间评价相关差异越大，反之，评价相关一致性越好。对调查数据分析取值的绝对值大于 $c_i^{k-k'}$（评价差值）的服务项目，可以为是双方感知有较大差距的项目，按"客户至上"的原则，对这些服务项目要重点关注并改进，以进一步完善服务。

$$c_i^{k-k'} = |\overline{X_i^k} - \overline{X_i^{k'}}|$$

式中，$c_i^{k-k'}$ 为管理者、服务人员或乘客针对第 i 项服务内容评价差值；$\overline{X_i^k}$、$\overline{X_i^{k'}}$ 为管理者、服务人员或乘客对第 i 项服务内容的平均感知评价；k、k' 分别为管理者、服务人员或乘客，$k \neq k'$。

当 $c_i^{k-k'} \leq c_i$ 时，两类评价者之间的差距较小，相关一致性较好；$c_i^{k-k'} > c_i$ 时，两类评价者之间评价相关差异较大，需要根据具体情况改进服务质量。

5）按照对乘客意见的调查分析结论，对企业的实际情况进行纠偏、改进。

步行穿越调查能够提供乘客所期望的服务信息，通过其提供的涉及语言的、环境的、感知的及服务提示的信息，企业能够更好地定义面向乘客的服务和提高乘客的忠诚度。

【任务实施】

乘客满意度调查

一、任务描述

任选一个地铁车站，设计调查问卷，并完成乘客满意度调查。

二、任务要求

1）设计满意度调研表，调研表包含乘客乘车的全部环节。
2）回收 50 份或 50 份以上有效调查问卷。
3）针对调查问卷的调研结果，分析问题产生的原因。

【任务评价】

任务评价表见下表。

乘客满意度调研情况任务评价表

评价项目	评价标准	得分	备注
调研表设计（50分）	1）调研表设计科学合理（20分） 2）调研表设计覆盖乘客乘车的全过程（10分） 3）调研表设计的问题易理解，容易回答（20分）		
调研表回收（30分）	1）回收问卷 5 份（5分） 2）回收问卷 5～10 份（10分） 3）回收问卷 10 份以上（15分）		
调研表分析（20分）	1）根据调研表，车站问题总结正确全面（10分） 2）车站问题原因分析合理（10分）		

【学习小结】

本任务主要介绍了城市轨道交通服务质量评价方法。通过本任务的学习，学生能选择当地地铁运营的一条线路，完成服务质量评价。

【知识巩固】

一、填空题

1. 按照评价的主体，城市轨道交通服务质量评价可分为_____、社会评价、

_____和乘客评价。

2. _____主要针对城市轨道交通企业的管理及运营,侧重于企业所提供的服务水平,并对企业的等级进行划分。

3. _____主要侧重于企业所树立的社会形象和整体服务水平的辨识及评估,评价主体包括各类社会群体,如乘客、社会媒体、行业管理机构等。

4. _____主要是通过员工调查评价企业的内部服务质量,显示内部规章制度对服务质量的控制能力。

5. _____是乘客根据实际的交通服务消费体验对城市轨道交通服务质量进行综合评价,其中,最具影响力的是乘客满意度评价,对服务质量的改进更具有针对性。

二、简答题

简述城市轨道交通服务质量评价方法。

参考文献

［1］ 任义娥. 城市轨道交通客运服务［M］. 北京：人民交通出版社股份有限公司，2021.
［2］ 裴瑞江. 城市轨道交通客运服务［M］. 北京：机械工业出版社，2019.
［3］ 申碧涛. 城市轨道交通客运服务［M］. 北京：中国铁道出版社，2015.